i Fari. 114

*Dello stesso autore*
*presso La nave di Teseo*

Disadorna

Dario Franceschini

# Con la cultura non si mangia?

La nave di Teseo

ISBN 978-88-346-1078-7

Prima edizione La nave di Teseo aprile 2022

# Sommario

*A Flavia*
*che danza*

La giovinezza è felice perché ha la capacità di vedere la bellezza. Chiunque sia in grado di mantenere la capacità di vedere la bellezza non diventerà mai vecchio.

Franz Kafka

## Il ministero economico più importante

In un marzo insolitamente rigido per Roma, Barack Obama avanza nella millenaria cornice del Colosseo. Lo accolgo a nome del governo italiano, ci stringiamo la mano, mi presento: "Welcome, I'm the minister of culture and tourism." Sono emozionato, nei suoi occhi un guizzo divertito: "Thank you so much. What a great job! The minister of culture and tourism in Italy! There's no better job!" Lo ripete più volte entusiasta ai collaboratori mentre prosegue la visita fra gli archi dell'anfiteatro. Ministro della cultura e del turismo in Italia, non esiste lavoro migliore. Ho la sensazione che è come se gli avessi detto: sono il ministro di Disneyland. La sua è una battuta, certo, eppure emblematica, in grado di esprimere più di mille indicatori la percezione che si ha dell'Italia all'estero.

Ero ministro da un mese e avvertii per la prima volta una sensazione che ho poi sperimentato negli anni in decine e decine di occasioni, incontrando personalità internazionali. Un pregiudizio positivo, una considerazione alta, della quale dovremmo avere maggiore consapevolezza. Nell'immaginario globale siamo percepiti come il luogo dell'arte, della cultura e della qualità della vita. Quell'intreccio unico di patrimonio materiale e immateriale che si riverbera nella storia, nel paesaggio, nel cibo, nel design, nella moda. Un tessuto connettivo che costituisce la nostra identità e vocazione e un elemento di forza per affrontare le sfide della modernità. Perché cultura significa emancipazione e cittadinanza e, allo stesso tempo, può e deve essere un fattore di crescita economica e sociale. Non il nostro petrolio, come talvolta si è detto con la metafora infelice di un combustibile fossile, ma la più efficace e pulita delle energie rinnovabili.

Quando giurai la prima volta al Quirinale, all'uscita dichiarai ai giornalisti presenti che mi accingevo a guidare il principale ministero economico del nostro paese. Oggi può sembrare una considerazione di buon senso. Ma allora poteva apparire una battuta avventata, se non velleitaria. Il settore aveva subito nell'ultimo quindicennio una drammatica stagione di disinvestimento. Le misure di austerity avevano colpito duramente il ministero, una lunga parabola di tagli, lacrime e sangue cominciata nel 2001 e acuita con l'avvento della grande crisi che nel 2008 aveva attraversato le economie del pianeta. Una spirale negativa che si era arrestata con il governo Letta ma che ora doveva cambiare segno.

Secondo antiche classificazioni della politica, che pure tardavano a essere archiviate, non si trattava di un ministero di prima categoria ma di rango minore. Invece per me non era stato un ripiego, ma un incarico fortemente e tenacemente voluto, nonostante le altre proposte che avevo ricevuto. Mentre Renzi chiudeva la lista dei ministri da portare al presidente Napolitano, scherzando ma con quell'elemento di imprevedibilità che rimane un tratto del suo agire, minacciava di spostarmi di ministero fino all'ultimo. Nel caso farò come Donat-Cattin, gli risposi, riferendomi a quando l'esponente democristiano, per esprimere il suo dissenso nei confronti di Andreotti, invece di recarsi al Quirinale per il giuramento andò dal barbiere.

Dovevamo archiviare il tempo del "Con la cultura non si mangia" come scolpiva lapidaria una frase, forse apocrifa, attribuita al ministro Tremonti. Che sia stata pronunciata o meno, sintetizza efficacemente una certa visione del mondo, la percezione della cultura come qualcosa di superfluo, un orpello non essenziale e quindi, tutto sommato, sacrificabile. E, del resto, corrispondeva a una dura stagione di tagli al bilancio del ministero.

Paradossalmente si attestano sulla stessa linea, pur partendo da motivazioni visceralmente diverse, coloro che considerano qualunque iniziativa di valorizzazione con il coinvolgimento di privati come uno svilente ingresso dei mercanti nel tempio. Il postulato è che con la cultura "non si debba mangiare", pronti a stigmatizzare ogni tentativo in tal senso, come se fosse un tradimento offensivo, una volgarizzazione, una perdita di purezza se non addirittura un bieco processo di mercificazione.

Da quando ho l'onore di guidare il ministero ho cercato di evitare questi opposti estremismi e di sfatare numerosi anacronistici tabù, incontrando, come è inevitabile e legittimo, resistenze e obiezioni. L'idea di fondo è stata quella di superare contrapposizioni dogmatiche che sono figlie di una visione ideologica e poco hanno a che vedere con la complessità della realtà: conservazione contro valorizzazione, cultura contro turismo, pubblico contro privato.

Nel dopoguerra, in una Italia che cercava con ottimismo di ripartire dopo tante macerie e sofferenze, i padri costituenti che scrissero la Costituzione, con lungimiranza e visione inserirono l'articolo 9: "La Repubblica promuove lo sviluppo della cultura e la ricerca scientifica e tecnica. Tutela il paesaggio e il patrimonio storico e artistico della Nazione." L'unico paese al mondo ad avere questo principio nel proprio testo fondamentale, una bussola preziosa da seguire, uno strumento di costruzione della comunità che coniuga i due aspetti: la tutela e la promozione.

Valorizzare il nostro straordinario patrimonio culturale e artistico non significa minacciarlo o mercificarlo, quanto piuttosto creare le condizioni per poterlo custodire e proteggere nel migliore dei modi. Immaginare che possa creare buona occupazione e coesione nel territorio, significa dischiuderne le potenzialità. Comunicarlo a un pubblico più ampio non vuol dire sminuirlo, bensì non imprigionarlo in una concezione elitaria. È la manifestazione di un pensiero fortemente politico, di una visione compiutamente riformista: l'idea della cultura come strumento di crescita civile, essenziale per la tenuta e la qualità stessa del sistema democratico. Il sapere e la conoscenza come leve fondamentali per superare le disuguaglianze e le ingiustizie, per promuovere la crescita dei singoli e della collettività. Con i miei limiti e forse i miei errori è a questa visione che cerco di ispirarmi in ogni singola idea, in ogni progetto e decisione che portiamo avanti al ministero. Ad esempio le domeniche gratuite nei musei nascono proprio da questa impostazione: riavvicinare gli italiani al loro patrimonio artistico, per portare i cittadini, le famiglie, i giovani a riscoprire la bellezza che ci circonda, affinché ciascuno possa amarla e sentirsene responsabile.

Molto rimane da fare, e non siamo stati esenti da errori e inadeguatezze, ma il più significativo dei risultati è che oggi su questi temi esiste una nuova sensibilità nel dibattito pubblico. Fra i cittadini, fra le forze politiche, fra i corpi intermedi. Un cambiamento di paradigma, un salto di mentalità rispetto alla logica del "con la cultura non si mangia", si rende evidente nel 2016, quando Confindustria invita per la prima volta alla sua assemblea generale, per parlare a nome del governo, il ministro dei beni culturali.

Si racconta che, durante la seconda guerra mondiale, i generali proposero a Winston Churchill di ridurre i fondi culturali per destinarli al sostegno dello sforzo bellico. Churchill li guardò e replicò: "Ma allora per cosa combattiamo?" Questa frase mi ha accompagnato ogni qual volta ho dovuto negoziare la partita della finanziaria. Per troppo tempo la cultura era stata ritenuta un lusso non necessario, da sforbiciare senza troppi rimpianti per sistemare i conti pubblici. La prima inversione di tendenza fu con Matteo Renzi e Pier Carlo Padoan, quando aumentammo del 27 per cento il bilancio del ministero. Il Collegio romano non era più la Cenerentola.

E in questo momento difficile, segnato dai venti di guerra ai confini dell'Europa, mentre cerchiamo di superare la pandemia e le sue conseguenze sanitarie e sociali, la cultura dovrà essere la chiave per iniziare a scrivere il dopo, con uno sguardo lungo, dotato di respiro. Durante il lockdown, se mai ce ne fosse stato bisogno, ci siamo resi conto di quanto sia la linfa delle nostre vite. Insieme al senso di smarrimento e inquietudine, le piazze vuote, i musei, i cinema, i teatri e le biblioteche chiuse ci hanno restituito la cognizione profonda di quanto la cultura sia l'essenza della nostra dimensione sociale. Quanto metta in relazione le persone, quanto crei legami e susciti benessere. Eppure perfino in quest'anno martoriato, il sistema culturale e creativo ha avuto, secondo il rapporto di Symbola 2021, un effetto moltiplicatore di 1,8, ossia per ogni euro prodotto se ne sono generati 1,8 nel resto dell'economia. Per questo dovrà essere il perno di un nuovo inizio, il motore di una crescita innovativa, sostenibile ed equilibrata.

La cultura non è solo il racconto di quello che siamo stati e che siamo, è il centro di una strategia per rilanciare lo sviluppo, per costruire un paese più inclusivo e accogliente, più forte nello scenario europeo e internazionale. Un paese aperto al futuro.

# L'Italia superpotenza culturale

In molte ricerche emerge la grande distanza tra ciò che nel mondo si pensa dell'Italia e ciò che gli italiani pensano di se stessi. La reputazione del nostro paese all'estero è altissima, siamo noi che dobbiamo averne maggiore consapevolezza. Nell'immaginario globale rappresentiamo una meta sognata e vagheggiata, il luogo dell'arte e del paesaggio, della qualità della vita, del bello e del ben fatto. Un'aura frutto del nostro *soft power*, il concetto elaborato da Joseph Nye per indicare che il peso di un paese sulla scena internazionale può dipendere non solo dalla forza militare ed economica, ma anche dalla sua capacità "seduttiva" di proporre modelli, di esercitare influenza.

Il nostro patrimonio culturale, le nostre industrie creative, il cibo, il design, la moda, il cinema, la musica ci consegnano questo ruolo, una condizione di vantaggio che però raramente è stata valorizzata con una strategia coerente, una visione di sistema.

La cultura è un fondamentale strumento di politica estera e di diplomazia per promuovere il dialogo e la pace e, insieme, un mezzo potente per favorire l'export di beni e servizi e sostenere le eccellenze del Made in Italy.

Quando incontrai i rappresentanti del governo cinese, mi sentii dire "noi siamo le due superpotenze culturali del mondo". Non solo perché condividiamo il primato di essere i due paesi con più siti Unesco in assoluto, ma anche perché rappresentiamo l'eredità di due civiltà millenarie. Questo prestigio che ci viene riconosciuto non deve farci cullare sugli allori nella miope illusione di vivere di rendita: al contrario, non va sprecato e deve essere al centro di politiche mirate, di un disegno unitario. Faccio un piccolo esempio, che però sarebbe indicativo di un cambio di paradigma: mi piacerebbe che quando i presidenti del consiglio vanno in missione all'estero, nella delegazione che li accompagna oltre agli imprenditori e ai manager delle aziende di stato, ci fosse anche il direttore di un nostro grande museo o il sovrintendente dei nostri più importanti teatri.

La pandemia ha reso ancora più evidente quanto siamo interdipendenti. Viviamo un tempo nel quale gestire gran parte dei principali problemi in un'ottica esclusivamente nazionale è velleitario: fenomeni come i cambiamenti climatici, la regolazione dei flussi finanziari, le migrazioni possono essere affrontati efficacemente solo attraverso una nuova stagione di multilateralismo e di cooperazione. La diplomazia culturale consente di superare le rigidità e i protocolli della geopolitica, di aprire spiragli di dialogo anche con i paesi con i quali i rapporti sono più difficili. Ha una capacità di superare barriere e di inserirsi in equilibri delicati simile a quella dello sport, come accadde ad esempio con la celebre diplomazia del ping-pong negli anni settanta. Perché ben prima dell'azione di governo, la cultura parla ai popoli.

Nei governi dei quali ho fatto parte abbiamo cercato di assumere iniziative che rafforzassero questo *soft power*, traducendolo in un autentico ruolo guida. In questa logica, potendo contare sul sostegno incondizionato dei premier in carica Matteo Renzi, Paolo Gentiloni e Mario Draghi, siamo stati promotori di tre prime assolute: nel 2015 durante l'Expo Universale di Milano abbiamo invitato i ministri della cultura di tutto il mondo e nel 2017 e nel 2022 abbiamo organizzato, rispettivamente a Firenze e a Roma, il primo G7 e il primo G20 sulla cultura. Questi due ultimi appuntamenti si sono conclusi con importanti decisioni comuni, in particolare il G20 ha votato all'unanimità la Dichiarazione di Roma. Non si è trattato di una generica e astratta proclamazione di principi, ma un documento di trentadue punti che è stato studiato per mesi e condiviso nei contenuti tra i paesi. Ne dobbiamo essere davvero molto orgogliosi. Se ne parlerà per molti anni come un punto di inizio. Si introduce permanentemente la cultura nei lavori del G20, riconoscendone il valore economico. Abbiamo ottenuto, inoltre, l'impegno di tutti i paesi membri nella creazione di forze per l'intervento a protezione del patrimonio culturale a rischio nelle aree di crisi.

Sono convinto che sul successo di entrambi i vertici abbia influito il potere gentile della bellezza che ci circondava: ricordo i volti ammirati dei miei colleghi mentre visitavano a Firenze la sontuosa Sala Bianca di Palazzo Pitti o percorrevano il Corridoio Vasariano o contemplavano il panorama dalla terrazza della Loggia dei Lanzi, accolti dal premier Gentiloni, l'emozione che tradivano a Roma nel vertice al Colosseo, il tavolo sull'arena circondato dagli archi millenari, le immagini dal drone che hanno fatto il giro del pianeta.

All'Expo di Milano chiesi a un intellettuale straordinario come Umberto Eco di tenere un discorso davanti alle delegazioni provenienti da ogni parte della terra. Si rivolse a noi con parole che non dimenticherò: "Voi ministri della cultura e dei beni culturali siete tra i protagonisti della mutua comprensione tra i popoli. Anche quando si pensa che lavoriate per promuovere i beni del vostro paese state lavorando per il bene di tutti. Molta gente nei secoli si è uccisa perché non si conosceva abbastanza. Voi siete i diffusori della conoscenza reciproca."

La conoscenza reciproca è la stella polare che abbiamo cercato di seguire. Costruire ponti, e non muri, il senso profondo di un lavoro a lungo termine, paziente, di tessitura e semi piantati. In tempi in cui il mondo è funestato da conflitti e focolai di tensione, la cultura può dimostrarsi l'antidoto più efficace, il vero modo per opporsi alla violenza generata dall'intolleranza.

Quella stessa cultura che nei secoli ha prodotto il patrimonio materiale e immateriale dell'umanità, un insieme infinitamente prezioso: tesori la cui bellezza e fascino non conoscono confini, in cui identità globali e locali si incontrano e si riconoscono. Quando un sito del patrimonio mondiale è sotto attacco o viene distrutto in qualsiasi parte del mondo, noi tutti rimaniamo colpiti, soffriamo, ci sentiamo impoveriti, anche se è di un'altra regione, di un'altra epoca, di un'altra religione. Sentiamo di far parte della stessa famiglia, la cultura ci avvicina e ci unisce. Purtroppo, però, ne sono consapevoli anche gli estremisti. È per questo che sempre più di frequente minacciano il patrimonio culturale. I monumenti distrutti spesso non sono un danno collaterale ma l'obiettivo dichiarato. Quante volte negli ultimi anni abbiamo visto musei, statue o aree archeologiche attaccate deliberatamente, dal Bardo di Tunisi a Palmira, dove nel 2015 venne brutalmente ucciso l'archeologo Khaled al-Asaad.

Ecco perché siamo stati i promotori della proposta che i media hanno ribattezzato "I caschi blu della cultura". Una task force che possa essere chiamata a integrare le missioni internazionali di pace, non solo delle Nazioni Unite ma anche dell'Unione Europea, ogni qualvolta le circostanze lo richiedano. Per lanciarla abbiamo messo a disposizione pionieristicamente una squadra altamente qualificata composta da militari, archeologi, tecnici e architetti, per intervenire nella protezione del patrimonio culturale nelle aree di crisi. Un'esperienza che non parte da zero ma dallo straordinario bagaglio di competenze e di know-how del nostro Comando carabinieri per la tutela del patrimonio culturale (TPC), un corpo specializzato che rappresenta un'autentica eccellenza mondiale.

Ma in questo scenario è fondamentale rafforzare sempre di più il ruolo dell'Unesco, rilanciarne il protagonismo. Abbiamo lavorato bene con il precedente direttore generale Irina Bokova e siamo stati determinanti per l'elezione dell'attuale Audrey Azoulay, che apprezzo e stimo dai tempi della nostra proficua collaborazione quando era ministro della cultura francese. I temi che incarnano la missione di questa agenzia internazionale – istruzione, scienza, cultura e comunicazione – sono cruciali per le sfide del futuro. È particolarmente significativo il principio, richiamato nel preambolo dello statuto dell'Unesco, che i conflitti iniziano nelle menti ed è dunque in esse che occorre costruire la pace. La cooperazione culturale contrasta gli stereotipi e i pregiudizi mediante il dialogo, l'apertura mentale, la dignità e il rispetto reciproco. Il dialogo interculturale può contribuire a evitare i conflitti e a promuovere la riconciliazione all'interno dei paesi e tra di essi.

Se l'Italia negli ultimi anni è stata sempre più consapevole di quanto la diplomazia culturale sia uno dei principali strumenti di proiezione esterna, è stato possibile anche grazie a un più efficace gioco di squadra tra il ministero della cultura e il ministero degli esteri, che ha consentito di mettere a sistema un giacimento straordinario di iniziative di istituzioni, associazioni, realtà pubbliche e private. Un impegno di promozione culturale che può contare sul lavoro delle ambasciate e dei consolati, sulla rete degli Istituti italiani di cultura, che sono un punto di riferimento con corsi di lingua, mostre, concerti in ben ottantadue paesi del mondo.

Ma penso anche alle scuole italiane all'estero, che toccano punte del 90 per cento di alunni stranieri, alle missioni archeologiche, molte delle quali attive da anni in zone di crisi, all'impegno per la diffusione della lingua italiana, oggi al quarto o quinto posto tra le lingue più studiate al mondo, sebbene sia la diciannovesima per numero di persone che la parlano, a cominciare dal lavoro prezioso della Società Dante Alighieri.

All'Unione Europea, contesto imprescindibile dell'azione internazionale dell'Italia, vorrei dedicare una riflessione conclusiva. Per la mia formazione di matrice cattolico-democratica, l'europeismo è una scelta naturale. Al netto di errori, egoismi e ritardi, incarna una storia di successo: se appena fuori dai confini della UE c'è stato negli anni novanta il conflitto in ex Jugoslavia, e c'è oggi quello in Ucraina, all'interno di essi uno scontro tra i paesi membri è semplicemente inimmaginabile. Eppure le rivalità hanno lacerato il Continente per secoli, fino a partorire la cieca follia delle due sanguinose guerre mondiali. I ventenni europei di allora si combattevano e si sparavano per difendere dei confini, i ragazzi della Unione Europea di oggi condividono invece l'esperienza di amicizia e conoscenza reciproca dell'Erasmus. Un'Europa che ha saputo dar vita a un'esperienza di democrazia, pace e sviluppo senza eguali nel mondo e che, dopo anni di affanno, sembra aver ritrovato, con il NextGenerationEU e con la risposta unitaria sull'Ucraina, quello spirito di solidarietà tra gli stati membri, che ha sempre fatto da catalizzatore al processo d'integrazione.

Sulla cultura però ci vuole un salto di qualità, separatamente rischiamo di essere velleitari, ma congiuntamente rappresentiamo il più grande produttore e consumatore di prodotti culturali. Nello scacchiere mondiale dei contenuti, solo con una strategia unitaria l'Europa potrà esprimere il proprio potenziale più di quanto sinora non abbiano saputo fare singolarmente i suoi membri.

Alcuni segnali incoraggianti, negli ultimi anni, ci sono stati. Penso all'approvazione delle direttive sul copyright e sui servizi media audiovisivi, con le quali la UE ha detto chiaro e forte che i profitti generati dalla rete non devono andare solo ai proprietari delle grandi piattaforme ma anche remunerare la creazione a favore di autori ed editori. E penso al rifinanziamento di Europa Creativa, il programma europeo di sostegno ai settori culturali e creativi per il periodo 2021-2027, con una dotazione finanziaria complessiva di 2,4 miliardi di euro per il settennio. Nei negoziati sul bilancio, senza la determinazione gentile di David Sassoli, non si sarebbe arrivati a un budget così importante. Era profondamente convinto che la cultura, come ebbe a dire, doveva essere "il perno per la ripresa, come cemento sociale di un mondo post-Covid che va ricostruito".

Anche per questo con Silvia Costa abbiamo deciso di dedicargli il progetto di riconversione dell'ex carcere di Santo Stefano a Ventotene, la piccola isola dove mentre l'Europa era ferita dalla guerra due giovani antifascisti al confino scrivevano quel manifesto insieme utopico e profetico.

Oggi, mentre alcuni vorrebbero erigere nuovamente muri e fili spinati o usano le guerre e le armi per dirimere le controversie internazionali, dobbiamo rivendicare con forza che non è stato l'isolamento, ma l'apertura a rendere l'Europa un modello. Ed è stato possibile perché la nostra cultura, una cultura che in Europa è sempre plurale, si arricchisce delle diversità ma allo stesso tempo rappresenta un terreno comune. È l'unico campo che nei secoli, anche in periodi di conflitti e divisioni politiche, si è sempre alimentato di scambio e contaminazioni. Pittori, scultori, compositori, cantanti, attori, scienziati hanno sempre viaggiato da un paese all'altro, i saperi e le arti hanno sempre circolato oltre i perimetri statuali.

Nel Medioevo, Niccolò Copernico, polacco di nascita, tedesco di lingua, si laureò nella mia Ferrara così come lo svizzero Paracelso. L'olandese Erasmo da Rotterdam studiò a Torino, l'italiano Tommaso d'Aquino insegnava alla Sorbona di Parigi, il tedesco Albrecht Dürer visse a Ferrara, Bologna e Venezia. Leonardo da Vinci trascorse gli ultimi anni in Francia, come "primo pittore, ingegnere e architetto" di Francesco I, lo stesso sovrano che poi negli anni successivi accolse italiani come il Primaticcio, Rosso Fiorentino, Andrea del Sarto e Benvenuto Cellini. Saltando nei secoli potrei citare il pittore Tiziano e poi il cantante Farinelli che trovarono casa alla corte di Madrid. Vicino alla cattedrale di Notre-Dame potreste imbattervi nel busto di Carlo Goldoni, il grande commediografo che si trasferì a Parigi, così come fece molti anni dopo il compositore Rossini. E gli esempi potrebbero continuare all'infinito.

Pur nelle diverse declinazioni e rivisitazioni, fin dagli albori l'Europa ha avuto una sua architettura, prima il romanico, poi il gotico, poi i vari rinascimenti, il barocco, il rococò, il neoclassico, il liberty.

Le tante differenze, i tratti molteplici e multiformi, compongono i tasselli di un unico puzzle più di quanto crediamo e a volte vogliamo ammettere. Apparteniamo a un insieme di valori, di eredità e di visioni che sono indistintamente europei.

L'altro spazio geopolitico sul quale dobbiamo lavorare come europei è il Mediterraneo, un mare da sempre crocevia di scambi, popoli e religioni. Le instabilità presenti in quest'area rendono ancora più necessario ogni sforzo di dialogo e collaborazione tra le sponde, e per questo stiamo operando per realizzare un incontro a Napoli tra i ministri della cultura di tutto il Mediterraneo. È a partire dal nostro vicinato più prossimo che dobbiamo farci tessitori di ascolto reciproco e distensione dei rapporti, tramite l'arte, la tutela del patrimonio culturale, la creatività.

# Stranieri a dirigere i musei!

18 agosto 2015, sotto l'ombrellone gli italiani commentano la scelta dei direttori dei musei con quel misto di passione e animosità con il quale solitamente discutono le decisioni di allenatori o calciatori. Affiora un'attenzione nuova nel dibattito pubblico, per temi in precedenza circoscritti nel perimetro degli specialisti. Quel giorno la notizia sarà l'apertura di tutti i quotidiani nazionali e con una grande copertura nella stampa estera. Dieci uomini e dieci donne, sette stranieri ma anche quattro italiani che rientravano dopo esperienze all'estero. Il 15 settembre, nella suggestiva cornice della Sala della Crociera al Collegio romano, presentammo la squadra dei neodirettori insieme al presidente del consiglio, ulteriore conferma di una rinnovata centralità della cultura nell'agenda pubblica del paese.

Del resto, la riforma museale è stata una piccola rivoluzione. Il museo statale era figlio di un dio minore, un mero ufficio della soprintendenza, guidato da un semplice funzionario privo di poteri di firma o di gestione della cassa.

I responsabili dei nostri più prestigiosi tesori erano nominati dal soprintendente territoriale e ad esso dovevano far riferimento gerarchicamente per qualunque decisione. Funzionari del ministero altamente preparati e competenti erano chiamati a condurre realtà di enorme prestigio come gli Uffizi o la Galleria Borghese, con stipendi tra i 1600 e 1800 euro netti al mese. I loro omologhi negli altri paesi europei guadagnavano almeno il quadruplo.

Di fatto il museo in quanto tale, come entità a sé stante, nell'organizzazione del ministero non esisteva. Con la riforma del 2014 assume finalmente una fisionomia: viene riconosciuto e dotato di autonomia amministrativa e gestionale, di un proprio statuto e di un proprio bilancio. Per i principali, anche di un consiglio d'amministrazione, un comitato scientifico e un direttore selezionato attraverso un bando internazionale. Nasce una direzione generale di riferimento e viene superato il modello per il quale i proventi della vendita dei biglietti confluivano indistintamente in unico calderone al ministero dell'economia, nel bilancio generale dello stato, rendendo ininfluente per le singole realtà vendere tremila o trentamila biglietti. Ora ritornano ai singoli musei e aree archeologiche ma allo stesso tempo è previsto un meccanismo di solidarietà: il 20 per cento dei ricavi alimenta un fondo nazionale, per sostenere i musei meno visitati ma non per questo meno preziosi. Un sistema che premia le migliori gestioni e al contempo garantisce le piccole realtà.

Di queste ultime, vorrei sottolineare quanto siano preziose: la vera ricchezza del modello italiano è il suo policentrismo, caratterizzato da tesori d'arte e di storia presenti capillarmente in tutto il paese. A volte, con un po' di superficialità, vengono brandite le classifiche internazionali e usati come termine di paragone i numeri del Louvre o del British Museum. Ma si tratta di parallelismi improbabili, che confondono storie e stratificazioni dai significati diversi. Noi non abbiamo come la Francia e l'Inghilterra un grande museo generalista e centralista, simbolo dell'identità nazionale, dove nel corso del tempo si sono concentrate le opere e i reperti, peraltro a volte attraverso spoliazioni e acquisizioni a discapito di paesi occupati o colonizzati. L'Italia è l'identità plurale delle tante capitali degli stati preunitari, delle signorie, dei comuni, delle città, dei borghi. Il nostro "museo nazionale" è diffuso, si manifesta in mille rivoli di bellezza, da Firenze a Napoli, da Trieste a Palermo, dalle Alpi a Capo Passero. Una galassia di quasi cinquemila luoghi della cultura, tra musei piccoli, medi e grandi, dove quelli statali sono solo una piccola porzione: ci sono i civici, i diocesani, quelli privati, i musei d'impresa, quelli delle università e quelli militari, e molti altri. Ma soprattutto c'è un confine sfumato, tra le mura di un museo e lo scenario circostante, le piazze, le strade, i palazzi, le chiese, i paesaggi. Un legame profondo, intessuto di continuità e contiguità, mirabilmente sintetizzato dal grande André Chastel con l'efficace immagine "Italia museo dei musei", "così disseminata di luoghi, originali e densi, come se la storia avesse distribuito nello spazio i suoi contrassegni maggiori".

Durante un incontro a Mosca con i direttori dei musei russi, Michail Piotrovskij dell'Ermitage mi disse: "Non capisco perché in Italia privatizzate tutto quello che guadagna e statalizzate tutto quello che costa." La riforma è servita anche a restituire centralità alla sfera pubblica, consentendole di riappropriarsi della capacità di progettazione culturale: nel corso degli anni, la condizione di debolezza cronica dei musei aveva aumentato a dismisura il protagonismo dei concessionari privati. Non demonizzo nessuno, tutt'altro: hanno riempito un vuoto, spesso anche con grande qualità. Un ruolo di supplenza che si era gradualmente espanso, finendo per occuparsi non solo dei servizi aggiuntivi, per intenderci bookshop e caffetterie, ma di una miriade di attività, dalla didattica alle mostre. Inevitabile che la riforma non sia piaciuta ad alcuni operatori, perché ora è il museo a decidere se gestire direttamente alcuni servizi o darli in concessione.

E pensare che per certe voci critiche abbiamo spalancato la porta a un'improbabile "privatizzazione" dei musei.

D'altra parte, questa riforma, come ogni vero cambiamento, ha suscitato, nella fase di avviamento, qualche disagio e resistenza, e scatenato polemiche.

Eppure si è trattato di portare a compimento idee che aleggiavano già da tempo, invocate ed evocate in mille convegni, suggerite nelle conclusioni di numerose commissioni, proposte in diverse iniziative parlamentari e nei tentativi di alcuni miei illustri predecessori. Come spesso ricorda Lorenzo Casini, che ne condivide con me la paternità, il vero merito della riforma è di aver tradotto in realtà quanto chiesto da diverso tempo.

Una delle scelte di cui sono più orgoglioso è aver dato la possibilità ai più bravi di concorrere per la direzione dei nostri musei, a prescindere dalla cittadinanza italiana. Se esiste un campo dove i confini e i passaporti devono contare meno del merito è quello della cultura. È sempre stato così, in ogni epoca della storia, per artisti, architetti e scienziati. E direi anche per i dirigenti pubblici, se nel 1764 il grande erudito tedesco Winckelmann divenne "soprintendente alle antichità di Roma".

Negli altri paesi nessuno si scandalizza, anzi si guarda con favore se personalità provenienti da altre nazioni vanno a dirigere un museo o una fondazione. E noi stessi siamo fieri dei tantissimi nostri connazionali chiamati al vertice di prestigiose istituzioni culturali in città come New York, Parigi, Londra, Madrid e Rotterdam, solo per citare alcuni esempi reali.

Eppure si aprì con i TAR una lunga fase di ricorsi e sentenze, e dunque di incertezza per chi era chiamato a lavorare, che si concluse finalmente con il pronunciamento del consiglio di stato. Se in Europa si dice che i lavoratori hanno libera circolazione nell'Unione, salvo eccezioni, questo principio dev'essere rispettato. O comunque preso in seria considerazione.

I risultati sono stati eccezionali, oltre le più rosee previsioni. Il cambiamento ha rappresentato per il sistema museale italiano una svolta, da tutti i punti di vista.

Nel 2014, anno preriforma, i visitatori furono 40.744.763, e gli incassi 135.510.701 euro. Nel 2019, ultimo dato prima della pandemia, i visitatori furono 54.845.757 e gli introiti 242.410.631 euro.

Non si è trattato di un boom solo quantitativo ma anche qualitativo: una nuova vitalità per i nostri musei, messi nelle condizioni di poter fare tutela, ricerca e promozione della cultura con maggiore agibilità e dinamismo.

Nelle città i direttori dei musei sono diventati delle figure riconosciute, a segnalare l'importanza di una istituzione che non si rivolge solo agli addetti ai lavori ma dialoga con l'intera comunità.

Ricordo quando chiamai Sylvain Bellenger, uno dei primi "stranieri", per comunicargli che era stato scelto per la direzione del Museo e Real Bosco di Capodimonte. Viveva a Chicago, dove guidava il dipartimento di pittura e scultura europee all'Art Institute. Rispose al telefono esitando, negli Stati Uniti erano le sette del mattino. "È sicuro? Vuole rifletterci meglio?" gli chiesi "significa cambiar vita e continente." "Lo so, è una follia ma voglio farlo." Raccontò che si sentiva predestinato per Napoli, perché proprio a Capodimonte, in una lontana estate del 1980, da giovane insegnante di filosofia in vacanza, si determinò un'altra svolta della sua vita: di fronte alla Crocifissione del Masaccio, folgorato dalla sindrome di Stendhal, decise di mollare tutto per studiare storia dell'arte. Quel che è certo è che grazie al suo impegno sta rilanciando Capodimonte, nelle attività culturali, nelle mostre, e nel rapporto con la città, a cominciare dai trasporti, con una navetta che ha riconnesso il museo con il centro. Passeggiando con lui per il Real Bosco, viene continuamente fermato, da dipendenti, vigilantes o visitatori ma soprattutto dagli abitanti del quartiere. Il meraviglioso parco, a lungo in preda all'incuria e al degrado, è tornato accogliente. Un tempo si trovavano le fontane piene di siringhe e spazzatura, ora non si vede una cartaccia per terra. Un polmone verde di 134 ettari con più di quattrocento specie vegetali, un luogo stupendo e sicuro per le mamme e per i bambini, per gli sportivi, per chi vuole giocare a pallone o fare un picnic. I viali e i giardini sono stati restituiti alla comunità, che prova giustamente orgoglio per questo gioiello.

Era piena notte a Minneapolis quando Eike Schmidt ricevette la mia chiamata. Tedesco di Friburgo, nella città del Minnesota dirigeva il dipartimento di arti decorative, tessili e scultura all'Institute of Art. A Firenze ha accompagnato con dinamismo gli Uffizi in una crescita importante, in termini numerici e scientifici, di pubblico, di nuove acquisizioni di opere, di sale restaurate e riaperte, di nuovi percorsi espositivi, di pubblicazioni. In attesa della riapertura ormai imminente del Corridoio Vasariano, il camminamento che Cosimo I de' Medici commissionò, appunto, a Giorgio Vasari e fece tirar su in soli cinque mesi. Un'eccezionale opera architettonica sospesa, che, attraverso l'Arno, congiunge Pitti a Palazzo Vecchio.

Un altro segnale in questo percorso è stata l'introduzione dell'accesso gratuito ai musei la prima domenica del mese. Si è rivelato un successo straordinario, frequentemente la presenza nei musei è stata superiore a quella negli stadi in una giornata di campionato di calcio di serie A. L'iniziativa è cresciuta nel tempo: partita nel luglio 2014, con 190 mila visitatori, nel corso degli anni sono stati raggiunti picchi fino ai 435 mila. Si è trattato di un modo per riavvicinare gli italiani al loro patrimonio artistico, per far scoprire e riscoprire loro i tesori più prossimi e riaffermare il diritto individuale e collettivo di fruire del patrimonio culturale. Un approccio altamente democratico, che considera la cultura rivolta a tutti, e non solo a un pubblico elitario di specialisti e addetti ai lavori.

I musei non custodiscono solo il passato ma sono, e dovranno esserlo sempre di più, luoghi vivi e inclusivi, dove si promuove ricerca, conoscenza, socialità, cultura. È in corso un vivace dibattito internazionale per la revisione della definizione di "museo" dell'ICOM, l'International Council of

Museums. Un confronto in cui sono emersi accenti diversi rispetto all'impegno civile e sociale del museo. L'attuale formulazione descrive il museo come "un'istituzione permanente, senza scopo di lucro, al servizio della società e del suo sviluppo. È aperto al pubblico e compie ricerche che riguardano le testimonianze materiali e immateriali dell'umanità e del suo ambiente; le acquisisce, le conserva, le comunica e, soprattutto, le espone a fini di studio, educazione e diletto".

Il filosofo Krzysztof Pomian, autore di una monumentale storia del museo, pubblicata a coronamento di trent'anni di studi, l'ha definito un luogo bizzarro "al contempo inutile e indispensabile".

Quel che è certo è che il museo è un concetto tutt'altro che immobile e imbalsamato nel tempo ma al contrario, in costante evoluzione. Nell'antichità non era un edificio che conservava oggetti e opere d'arte ma un luogo sacro alle muse, uno spazio di incontro per sapienti. Il più celebre, quello voluto da Tolomeo I ad Alessandria d'Egitto, rappresentava insieme alla biblioteca la più grande istituzione culturale del mondo ellenistico, dove gli eruditi ospitati potevano dedicarsi a tempo pieno allo studio.

Nel Quattrocento, in pieno clima rinascimentale, il termine venne ripreso dagli umanisti per definire i luoghi dove si raccoglievano e conservavano opere d'arte, rarità e reperti antichi. Si trattava di collezioni private di principi, aristocratici e cardinali, rivolte all'esclusiva contemplazione di pochi eletti. Gallerie, gabinetti, Wunderkammer, per secoli si tratterà di realtà estremamente variegate, a seconda del gusto e degli interessi dei proprietari ma accomunate dall'essere allestite per stupire un numero ristretto e selezionato di visitatori.

L'idea moderna di museo, come istituzione pubblica ed espressione dell'identità nazionale, si diffonde soltanto nel Settecento, nell'Europa attraversata dallo spirito illuminista. Ma il primo museo pubblico del mondo è nato a Roma: nel 1471 papa Sisto IV fece trasferire dal Laterano al Campidoglio un gruppo di bronzi antichi, donandolo solennemente al popolo romano, quello che costituirà il primo nucleo della collezione dei Musei Capitolini, aperti nel 1734 dal papa Clemente XII.

È di qualche anno dopo, il 1737, il lungimirante "Patto di famiglia" che l'elettrice palatina Anna Maria Luisa, l'ultima della dinastia de' Medici, siglò con il successore Francesco Stefano di Lorena, prevedendo che le collezioni granducali venissero conservate integre a Firenze "per ornamento dello stato, per utilità del pubblico e per attirare la curiosità dei forestieri".

Il museo del futuro, insieme al rafforzamento su social network e piattaforme digitali, dovrà essere sempre di più in dialogo con il territorio, aperto alla socializzazione, alla partecipazione, all'accessibilità. In grado di avvicinare pubblici diversi, che sa rivolgersi al turista colto ma anche a chi vive condizioni di marginalità, e solitamente è escluso dalla fruizione culturale. Un museo che riesce a far sentire ogni cittadino a casa. Un luogo con wi-fi, aree verdi, punti di lettura, laboratori, un'ampia offerta di appuntamenti culturali ma soprattutto calore umano e accoglienza, con una particolare attenzione per i giovani e i bambini. Anche i linguaggi contemporanei possono aiutare a stabilire un ponte con le nuove generazioni, dai videogame all'arte dei comics, come abbiamo fatto con l'iniziativa "Fumetti nei musei" grazie alla matita di alcuni fra i più talentuosi autori italiani, che hanno raccontato i nostri musei in una chiave originale e creativa.

In questa visione di musei sempre più ospitali, vorrei che la ristorazione, laddove è possibile, fosse affidata a grandi chef per una cucina legata alle eccellenze e alle tipicità. Non un'offerta gastronomica da stazioni di servizio sulle autostrade, con tutto il rispetto per queste ultime, con menù omologati e uniformi, che cedono al conformismo alimentare. Il museo dovrebbe proporre una cucina che rispetta stagionalità, prodotti e sapori del territorio, per diventare sempre più un riferimento per i cittadini e per i viaggiatori: una domanda turistica matura cerca l'esperienza, l'anima dei luoghi, quello che li rende diversi, unici. La valorizzazione di quell'impasto unico di cultura, paesaggio, tradizioni e ricette che esprimono l'anima delle nostre comunità, il *genius loci*.

Un altro aspetto che segue il filo conduttore del nesso profondo tra musei e territori, e opere e territori, è stato al centro di alcune decisioni che hanno fatto discutere, e che io vorrei fossero solo l'inizio di una strategia. Quando sono garantite tutte le condizioni di tutela e sicurezza, ci sono opere che possono ritornare nei contesti d'origine. Un modo per ricucire legami storici e culturali, per riconnettere una fitta tessitura di segni, di rimandi, di radici e per dare nuova visibilità all'opera e al territorio di provenienza. Penso a quanto è accaduto con il Cratere di Eufronio, una vicenda che meriterebbe un film. Si tratta di uno stupendo vaso a calice del diametro di oltre mezzo metro, il cui primo viaggio avvenne negli ultimi decenni del VI secolo a.C. da Atene, dove era stato realizzato dal vasaio Euxitheos e dal celebre pittore Euphronios, all'antica Cerveteri, per accompagnare nella sua ultima dimora terrena un esponente dell'aristocrazia etrusca. Decorato a figure rosse, la scena principale rappresenta la morte di Sarpedonte, re dei lici e semidio figlio di Zeus e Laodamia, ucciso da Patroclo nel corso della guerra di Troia. Il corpo esanime è trasportato dai fratelli Hypnos e Thanathos, Sonno e Morte, sullo sfondo si vede Hermes, calzari alati e caduceo in mano, guida delle anime nell'oltretomba. Dopo millenni di oblio, nel 1971 un gruppo di "tombaroli" lo trafugò da uno scavo clandestino all'interno della necropoli di Greppe Sant'Angelo a Cerveteri. È così che ha avuto inizio una vera e propria "odissea" per quest'opera, che prima è stata acquistata da un mercante italiano, poi è passata nelle mani di un trafficante internazionale, e alla fine è stata venduta al Metropolitan Museum di New York, per un milione di dollari.

Ma grazie a una complessa indagine condotta dalla procura di Roma e dal Comando carabinieri tutela beni culturali con il supporto del ministero, e dopo una serie di trattative con il Met e l'apertura di un canale diplomatico con gli USA, il cratere è tornato in Italia nel 2008, per essere collocato nel Museo nazionale etrusco di Villa Giulia a Roma.

Nel 2014 è tornato nella "sua" Cerveteri. Nel Museo archeologico nazionale Cerite della cittadina laziale si è ricongiunto nella stessa sala con un altro raffinato capolavoro dello stesso autore, la *kylix*, la coppa da vino. Doveva essere una mostra temporanea. Si è rivelata un grande successo e un momento di forte orgoglio per la cittadina. Così abbiamo deciso, dialogando con tutte le realtà coinvolte, che entrambi i reperti restino nel museo di Cerveteri, non lontano dalle suggestive atmosfere delle necropoli etrusche. Un patrimonio straordinario e vasto come quello di Villa Giulia non ne rimane impoverito, mentre per Cerveteri è una svolta.

Un tema strettamente legato a questa riflessione è quello dei depositi, un grande tesoro nascosto. Non si tratta di scantinati polverosi o di cripte segrete ma di una sorta di dietro le quinte, il cuore invisibile del museo. Le collezioni esposte rappresentano solo una piccola porzione di un patrimonio più grande, un giacimento di opere e reperti celato ai nostri occhi ma non alle premure di tecnici, restauratori, storici dell'arte e archeologi che lo conservano, catalogano e studiano. I depositi devono aprirsi sempre di più alla fruizione, come gli archivi e le biblioteche, sia dei ricercatori che del pubblico, in occasioni specifiche o grazie al digitale. Inoltre in queste collezioni sterminate, incrementate e consolidate nel tempo, spesso ci sono opere non particolarmente valorizzate, marginali rispetto a come il museo racconta se stesso, che oggi non sono esposte né si ha intenzione di farlo a breve. E che invece potrebbero avere grande risalto se restituite alle realtà di provenienza. Un segnale in questa direzione è il progetto "100 opere tornano a casa: dai depositi ai musei". Sono state selezionate opere confluite nei depositi dei grandi musei da territori distanti, per renderle protagoniste di un viaggio a ritroso che abbia come destinazione la cornice storica e geografica che aveva ispirato l'artista o il committente e una nuova collocazione in un museo, solitamente più piccolo, che assume nuova luce per questo "ritorno a casa".

La sfida dei musei passa anche attraverso questo percorso di un ruolo diffuso, reticolare, di condivisione delle conoscenze, aperto ai territori, incluse le aree minori, o quelle più difficili, periferiche e marginali. Delle macchine complesse e affascinanti, chiamate a ripensare se stesse senza tradirsi, per testimoniare la nostra eredità e costruire legami e senso di collettività, educare al bello, progettare il domani.

# Soprintendenza, una bellissima parola

"Soprintendente è una delle parole più brutte di tutto il vocabolario della burocrazia. È una di quelle parole che suonano grigie. Stritola entusiasmo e fantasia fin dalla terza sillaba," scrisse Matteo Renzi, che da buon toscano ha sempre avuto il gusto per le battute affilate e tranchant. Un giudizio che gli è stato spesso rimproverato nel corso del tempo, e che risale a quando ancora era sindaco di Firenze. L'espressione di un malessere, di uno stato d'animo diffuso che non va liquidato inarcando le sopracciglia, perché condiviso da centinaia di amministratori locali e semplici cittadini. Una diffidenza riaffiorata anche recentemente nel dibattito pubblico fra quanti le indicavano, ingiustamente, come un possibile freno allo sviluppo delle infrastrutture previste dal PNRR.

In verità, come paese abbiamo un enorme debito di riconoscenza verso le Soprintendenze, che hanno rappresentato un fondamentale presidio contro cementificazione, speculazioni e incuria, garantendo la salvezza di gran parte del nostro paesaggio e dei nostri centri storici. Preziose sentinelle chiamate a un compito enorme, perché il patrimonio culturale nel nostro paese, ed è la caratteristica che lo rende unico, è un insieme diffuso e capillare, che ci circonda e avvolge, nelle vie che attraversiamo, negli edifici dove lavoriamo o abitiamo, nelle chiese, in città come nei borghi, nelle valli, nelle montagne, sulle coste.

Eppure in tanti hanno sperimentato un'esperienza negativa nell'interlocuzione con questo volto della pubblica amministrazione. Un disagio non sempre ascrivibile nelle due categorie, speculari, dell'insofferenza alle regole da una parte o dell'eccesso di occhiuto cipiglio dall'altra.

La verità è che nel periodo tra il 2006 e il 2008 una rilevante riassegnazione allo stato di compiti di tutela, in particolare paesaggistica, ha portato a un corposo aumento della mole di lavoro, ma non dei mezzi e delle risorse. Anzi, paradossalmente ha coinciso con una stagione di tagli draconiani al personale e al bilancio del ministero. Il risultato è stato quello di ingolfare e rallentare le procedure di pianificazione e autorizzazione, alimentando così a dismisura le proteste di cittadini ed enti locali.

I soprintendenti si sono ritrovati come un avamposto di frontiera, costretti ad affrontare un quadro gravoso di gestione del quotidiano, che l'eccezionalità del nostro patrimonio rende quasi sempre straordinaria.

Proprio per questo si rendeva necessario ripensare e aggiornare la struttura di fronte ai profondi mutamenti del nostro tempo, per poterne migliorare l'efficacia dell'azione. Non per svilirne il ruolo ma al contrario, per rilanciarlo senza tradirne lo spirito. Rimanere fedeli alla tradizione, diceva Mahler, "significa tenere vivo il fuoco e non adorare le ceneri". E sulla cultura della tutela l'Italia può effettivamente rivendicare con orgoglio una solida tradizione.

Alcuni fanno risalire la figura del soprintendente a Raffaello, che sarebbe stato pionieristicamente il primo della storia. Quel che è certo è che l'Urbinate, con visionaria lungimiranza, insieme a Baldassarre Castiglione, preparò una celebre lettera per papa Leone X. Un testo attualissimo che rappresenta un appassionato e vibrante appello per la conservazione e lo studio delle antiche rovine, da preservare e trasmettere alle generazioni future. I due intellettuali esprimono, davanti alla condizione della grande eredità che li circonda, "grandissimo piacere, per la cognizione di cosa tanto eccellente, e grandissimo dolore, vedendo quasi il cadavere di quella nobil patria, che è stata regina del mondo, così miseramente lacerato".

E la responsabilità non è tanto delle distruzioni dei barbari nel passato ma di chi, più recentemente, avrebbe dovuto proteggerla: "Ma perché ci doleremo noi de' Goti, Vandali e d'altri tali perfidi nemici, se quelli li quali come padri e tutori dovevano difender queste povere reliquie di Roma, essi medesimi hanno lungamente atteso a distruggerle?"

"Quanti pontifici, Padre Santissimo, hanno atteso a ruinare templi antiqui, statue, archi et altri edifici gloriosi!"

I predecessori del pontefice in carica, che era pur sempre il secondogenito di Lorenzo il Magnifico, avevano proseguito l'opera dei "profani e scelerati barbari, onde quelle famose opere che hoggidì più che mai sarebbono fiorenti e belle, furono dalla scelerata rabbia e crudele impeto di malvagi homini arse e distrutte", lasciando visibile solo lo scheletro degli antichi monumenti, "la machina del tutto, ma senza ornamenti, e per dir così l'ossa del corpo senza la carne". A questa dolente descrizione di una Roma bella e ferita, in bilico tra la bellezza e lo scempio, contrappone la speranza che il papa voglia ora porre rimedio a tanta sciagura, "haver cura che quello poco che resta di questa anticha madre [Roma] de la gloria e grandezza italiana non sia estirpato e guasto dalli maligni e ignoranti", anche perché la magnificenza di quelle antiche architetture può "nutrire e favorire le virtù, risvegliare li ingegni, dare premio alle virtuose fatiche".

Una consapevolezza della tutela che da Raffaello ha attraversato i secoli come un fiume carsico, e che fa parte dell'Italia da prima ancora che diventasse tale, già presente nelle legislazioni degli stati preunitari, che la articolarono in forme differenti ed embrionali, ma per primi al mondo. Un filone che ha superato con continuità, seppur tra alti e bassi, ostacoli e accelerazioni, le diverse fasi politiche, fino al periodo fascista, quando sotto la guida colta di Bottai venne approvata la legge del 1939 per la protezione delle cose di interesse storico e artistico. E che ha trovato la sua più alta e luminosa manifestazione nell'Italia democratica e repubblicana, con la stesura dell'articolo 9 della Costituzione. I relatori furono Concetto Marchesi e Aldo Moro, e il dibattito in Assemblea si distinse per il grande respiro intellettuale. Una formulazione di straordinaria forza, perché non solo prescrive un dovere per le istituzioni ma sprona anche ogni singolo cittadino a farsi carico in modo attivo e non solo contemplativo del patrimonio culturale.

Una particolare sensibilità per la tutela che si è manifestata poi nella legge Galasso del 1985 ed è confluita prima nel Testo unico del 1999 e poi nel Codice dei beni culturali e del paesaggio del 2004. E se da noi, a parte alcune ferite clamorose e al complesso fenomeno dell'abusivismo, non ci sono state le colate di cemento della costa spagnola, o non si sono demolite centinaia di dimore storiche come è accaduto fino agli anni settanta in Inghilterra, è grazie a questo ordinamento e a questo approccio così profondamente radicato nel nostro DNA, e all'impegno tenace delle soprintendenze, e delle donne e degli uomini che le hanno incarnate in prima linea.

Si tratta di uffici tecnico-amministrativi molto più antichi del ministero al quale appartengono. L'assetto organizzativo fino alla riforma avviata nel 2014 è rimasto per certi versi piuttosto simile a quello del 1907, e prevedeva una suddivisone in tre settori. A titolo esemplificativo potremmo dire che il sindaco di un comune ospitato da un edificio storico doveva interagire per le mura con la soprintendenza Beni architettonici e paesaggistici, per eventuali quadri con quella per i Beni storici, artistici ed etnoantropologici, e per le fondamenta, in caso di resti antichi, con quella dei Beni archeologici e delle antichità. Spesso si verificavano situazioni paradossali: lo stesso ministero si esprimeva nel territorio con velocità differenti e soprattutto con pareri differenti se non contrastanti, producendo numerose impasse. Una volta separato il loro destino da quello dei musei, fino a quel momento semplici diramazioni delle soprintendenze e privi di autonomia gestionale e scientifica, era arrivato il tempo di riorganizzarle. Prima riducendole a due tipologie e poi, in un secondo momento, costituendo la Soprintendenza unica.

Anche in questo caso si è trattato di raccogliere un'idea che si era affacciata più volte – Andrea Carandini ne parlava già nel 1975 nel suo *Archeologia e cultura materiale* – e portarla avanti fino in fondo.

Una piccola rivoluzione che, mantenendo sotto un coordinamento unitario le diverse discipline, ha offerto ai cittadini una sola voce, e una grande semplificazione. Allo stesso tempo abbiamo aumentato il numero delle soprintendenze sul territorio, riequilibrando una distribuzione che si era sedimentata nel corso dei decenni in maniera frastagliata, senza tener conto del numero degli abitanti, dell'estensione geografica, o della consistenza del patrimonio da tutelare.

"Soprintendente" allora è una parola bellissima. Non è una difesa d'ufficio verso una figura che suscita spesso ostilità e impopolarità. È una parola bellissima perché nobile, esprime un compito alto, difficile ed entusiasmante, spesso controcorrente. Se penso ai prossimi anni, credo anzi ci sia bisogno di rafforzarla e rilanciarla in ogni modo, di aumentarne ulteriormente l'autorevolezza. La sua missione dovrà rimanere la stessa, quella indicata dalla stella polare dell'articolo 9 della Costituzione, che, come abbiamo visto, affonda le radici in un lungo e secolare cammino. Ma rimanendo fedeli agli stessi obiettivi, dovranno cambiare le modalità per raggiungerli, accogliendo le nuove sfide con uno sguardo aperto al futuro. La Scuola del patrimonio vuole essere proprio questo: fucina e palestra di una nuova leva di dirigenti del ministero, lo strumento per investire sulla formazione affinché possano unire la già solida preparazione nella propria disciplina con una visione d'insieme, e la capacità di lettura dei tempi nuovi.

È necessaria però una riflessione su una serie di questioni aperte, affinché le soprintendenze siano messe nelle condizioni di funzionare al meglio, di affrontare le sfide quotidiane. Cercherò di spiegarmi con alcuni esempi. Per aiutare le attività dopo il drammatico periodo della pandemia, sono state sospese le procedure autorizzative da parte delle soprintendenze per i tavolini all'aperto di bar, caffetterie e ristoranti. Ma per quando finirà l'emergenza è già in vigore una norma che limita il parere ai soli casi particolari di posti nelle vicinanze di monumenti o luoghi di eccezionale interesse culturale. Occorre richiedere alle soprintendenze meno pareri su cose marginali per consentire loro di concentrarsi su quella trama straordinaria di palazzi, piazze, campanili, paesaggi che costituisce un comune patrimonio di memoria, di identità e di bellezza. È fondamentale che vigilino su ogni intervento che rischi di graffiare e compromettere in maniera irrimediabile questo mirabile insieme, una grande responsabilità verso la comunità e verso le prossime generazioni. Occorrono massimo rigore su tutto ciò che è irreversibile e maggiore buonsenso e ragionevolezza sulle decisioni di carattere provvisorio e temporaneo.

E poi c'è il grande tema delle periferie, che ci chiede nuovi paradigmi. Nel Novecento la priorità è stata quella della salvaguardia dei centri storici. Si può e si deve fare sempre di più e meglio per migliorarne manutenzione e decoro, ma possiamo dire che la battaglia è stata vinta. Sulle periferie invece serve un salto di mentalità, sembriamo rassegnati all'idea che i luoghi dove vive, sogna e lavora la stragrande maggioranza della popolazione siano irrimediabilmente destinati a non ospitare la bellezza. Si tratta di quartieri spesso cresciuti in maniera disordinata, dove non mancano vulnerabilità e marginalità. Ma anche di luoghi in cui è disseminata la grande architettura del secondo Novecento italiano che va tutelata e innovata con nuovi innesti. Per la legge gli edifici possono essere vincolati se superano i settant'anni. Si lambisce ormai l'edilizia degli anni cinquanta, è giusto che le soprintendenze si approccino con discernimento, per separare il grano dal loglio. Ma è una grande sfida anche per la politica: le nostre periferie da snodi di esclusione e frammentazione sociale, possono rivelarsi avamposti pulsanti di energia e inventiva. Un primo segnale in questo senso è stata la nascita della Direzione generale arte e architettura contemporanea e periferie urbane, poi ribattezzata nel 2019 Direzione generale creatività contemporanea, per restituire piena dignità e attenzione a un mondo così importante e plurale. La questione è enorme e segnerà i prossimi decenni. Renzo Piano ha utilizzato l'efficace immagine del "rammendo": trasformiamo queste realtà urbane così dense di umanità e forza creativa in un grande laboratorio per produrre imprese culturali, arte, architettura, benessere e coesione sociale.

# Il paese di Mecenate

Una delle stelle polari in questi anni è stata quella di superare una visione anacronistica, quella della falsa contrapposizione pubblico-privato nella gestione e valorizzazione del patrimonio culturale e immaginare un'idea di pubblico inteso come bene comune al quale concorrano, e del quale si sentano parte, tutte le forze vitali della società.

Assurdamente permanevano delle resistenze e dei ritardi, una sorta di tabù che individuava nella collaborazione con i privati, una minaccia, un pericolo rispetto alla salvaguardia del patrimonio culturale e non una straordinaria opportunità. Come se si profanasse il tempio della cultura con i mercanti.

Al contrario abbiamo cercato di favorire sempre di più la cooperazione pubblico-privato, sostenendo il mecenatismo e gli atti di liberalità: innanzitutto grazie allo strumento dell'Art Bonus. Si tratta di un credito di imposta di cui può beneficiare chi sostiene la cultura o lo spettacolo, pari al 65 per cento di quanto donato, uno dei migliori d'Europa.

Si è rivelato un successo, le imprese e i singoli cittadini possono aiutare lo stato e gli enti pubblici nella manutenzione e nel restauro del nostro straordinario patrimonio culturale o contribuire alla vita di musei, siti archeologici, archivi, biblioteche, teatri e fondazioni lirico-sinfoniche. Da quando è stato introdotto, nel 2014, abbiamo superato il mezzo miliardo di donazioni, attestandoci a fine 2021 oltre i 615 milioni di euro, che hanno prodotto interventi per cifre molto superiori.

Soprattutto a sinistra, per tic pavloviani retaggio di antiche stagioni, si tende a volte a identificare la parola privato accostata ai beni culturali con il male assoluto, come se fosse – sempre e comunque – sinonimo di profitto e speculazione. Ho lavorato per rendere più forte ed efficiente il ministero della cultura, credo fortemente nella centralità dello stato, ma allo stesso tempo credo nel principio di sussidiarietà. I cittadini, che facciano filantropia o donino semplicemente il proprio tempo, possono e devono dare una mano allo stato nel compito difficile di tutelare un patrimonio immenso, vastissimo, unico al mondo. Chi avversa questa possibilità in maniera ideologica e manichea, solitamente non contropropone ricette concrete. Coinvolgere il più possibile i cittadini, le aziende, il terzo settore, le imprese, le fondazioni bancarie significa non solo garantire trasparenza e controllo, ma significa soprattutto risvegliare un senso di cittadinanza attiva. Significa scuotere una società passiva, che rischia di essere sempre più composta da consumatori, con iniezioni di responsabilità e partecipazione.

Vorrei citare il caso di Diego Della Valle per il restauro del Colosseo. Dieci anni fa circa per sostenere il piano degli interventi il suo gruppo destinò circa 25 milioni di euro. Non esisteva ancora l'Art Bonus, e a maggior ragione gli andrebbe espressa gratitudine, invece ci furono sterili e incomprensibili polemiche. Di fronte a un'azienda impegnata a destinare una somma così significativa per la cura del nostro patrimonio culturale si può esprimere solo plauso e augurarsi che venga imitata.

Se poi un imprenditore ottiene un ritorno di immagine per aver sostenuto un restauro, una ricerca, un'attività di valorizzazione, che male c'è? Vorrei che i protagonisti della nostra economia, a cominciare dalle grandi imprese che esportano, gareggiassero a donare risorse per la bellezza comune, e ritenessero motivo di vergogna non farlo. La reputazione aziendale non dovrebbe prescindere dalla dimostrazione di attenzione verso sostenibilità e cultura. C'è il pubblico ringraziamento, certo, ma è chiaro che il mecenatismo deve essere animato da una visione alta e si inserisce in una politica di responsabilità sociale di impresa. È il concetto di *give back*. Se le imprese restituiscono al territorio investendo in cultura, anche il valore dei loro prodotti aumenta. Il grande storico dell'economia Carlo Cipolla la definiva una vocazione, l'antica propensione italiana a "produrre all'ombra dei campanili cose che piacciono al mondo". Un legame profondo tra i saperi, il saper fare e l'anima dei luoghi, che rafforza l'attrattività delle nostre produzioni di qualità e del Made in Italy. Esiste poi la filantropia, come nel caso dell'americano David Packard, colto amante della civiltà classica, che nel 2001 ha avviato a Ercolano un'esperienza pionieristica di partenariato pubblico-privato. Una collaborazione che ha contribuito a una nuova primavera per il sito dopo una lunga stagione di incuria. Non si tratta solo delle risorse economiche, pur importantissime, ma di un lavoro comune accanto all'amministrazione pubblica, per la conservazione, la messa in sicurezza e la valorizzazione degli scavi, scommettendo su giovani professionisti per la maggior parte italiani, su un gioco di squadra multidisciplinare e sul dialogo con la comunità. Nell'antica città vesuviana il Packard Humanities Institute ha rappresentato e rappresenta un esempio virtuoso.

L'orizzonte rimane quello sapientemente indicato dai padri costituenti nell'articolo 9: promuovere e tutelare, due elementi dunque inscindibili, due aspetti che a volte sono stati erroneamente contrapposti e che invece vanno assolutamente tenuti insieme. Carlo Azeglio Ciampi che lo definiva l'articolo più originale della nostra Costituzione sottolineava come i due commi fossero intimamente connessi.

Custodire e proteggere il nostro inestimabile patrimonio, frutto delle numerose civiltà che nei millenni hanno attraversato la nostra storia, e allo stesso tempo valorizzarlo, cogliendone le potenzialità per la crescita economica, civile e democratica del paese.

E sia per il primo che per il secondo compito c'è bisogno della partecipazione attiva dei cittadini, dei corpi intermedi, delle imprese e delle associazioni che rappresentano il tessuto connettivo più robusto e vitale del nostro paese.

L'Italia ha caratteristiche proprie da rafforzare: lo straordinario modello della cooperazione, il ruolo delle fondazioni bancarie, le buone pratiche come il microcredito, ma accanto al welfare, ha il settore culturale come grande "campo prova" unico al mondo.

È una storia che viene da lontano e che si alimenta di tante sorgenti diverse: dalle casse rurali alle congregazioni religiose, alle società operaie di mutuo soccorso, alle cooperative, agli oratori, all'associazionismo diffuso, che ha avuto un momento altissimo nella mobilitazione degli "Angeli del fango". Quando nel 1966 nei giorni successivi alla drammatica alluvione del 4 novembre, in una Firenze ferita, devastata dalla furia delle acque, accorsero ragazzi e ragazze provenienti da ogni parte d'Italia e del mondo, per aiutare la popolazione e salvare opere d'arte, dipinti, statue, libri e manufatti antichi. Io ricordo bene quei giorni, l'ammirazione per quei ragazzi e anche la mia invidia di bambino. Avevo otto anni e pensavo: perché non posso andare anch'io a Firenze come loro? Poi di nascosto pensavo, vergognandomene: speriamo venga un'altra alluvione quando sarò un po' più grande…

Una storia di vicinanza al patrimonio culturale della nazione che deve avere un futuro di crescita ed espansione.

Penso a quanto già viene fatto per la promozione della cultura e della cittadinanza, per la diffusione della lettura o della musica, per le tante iniziative che partono dal basso e cercano di percorrere strade nuove capaci di intrecciare cultura e costruzione di coesione sociale, favorendo la spinta verso il coinvolgimento della comunità nella gestione del patrimonio culturale. Potrei citare mille esempi, a cominciare da una delle esperienze più virtuose, il FAI, Fondo ambientale italiano, nato nel 1975, sul modello del National Trust inglese, con le sue centosedici delegazioni distribuite su tutto il territorio nazionale, i siti gestiti direttamente, le giornate di primavera e le numerose campagne. O Mirella Barracco che dal 1992 porta avanti il progetto "La scuola adotta un monumento", con gli studenti che diventano le sentinelle dei nostri tesori, imparano ad amarli e a prendersene cura, spesso riavvicinando gli adulti e le famiglie. O la cooperativa La Paranza, animata da don Antonio Loffredo, al Rione Sanità di Napoli, che ha recuperato e gestisce le catacombe di San Gennaro, dando lavoro e dignità a giovani, e restituendo orgoglio e speranza alla zona. O a Italia Nostra, con la sua gloriosa storia di battaglie civili.

Si tratta spesso di processi di attivazione civica che partono dal senso di appartenenza e dalla voglia di prendersi cura del proprio patrimonio, e si esprimono in una pluralità dinamica e mutevole di forme di partenariato e cooperazione. Un arcipelago di realtà, nei territori, nelle comunità, nelle imprese, nelle associazioni dove possiamo trovare i talenti per recuperare il senso di una missione comune. È evidente dunque che senza reticenze, conservatorismi e difese corporative, servono modelli flessibili, che possano assecondare le tante energie presenti, piuttosto che divenire camicie di forza in nome di astratte declamazioni di principio. La Repubblica non si esaurisce negli organi istituzionali, nel suo apparato pubblico. È composta anche da formazioni sociali, da realtà che la società spontaneamente e liberamente esprime per occuparsi di interessi generali.

Per il futuro credo vadano sperimentati sempre di più due percorsi: da un lato, l'affidamento diretto della gestione di beni culturali, ad esempio di siti attualmente chiusi o non sufficientemente valorizzati, ad associazioni no profit e di volontariato. In quest'ottica facemmo un primo bando sperimentale nel 2017 per tredici siti, ma è sicuramente una prospettiva da perfezionare e rilanciare. Dall'altro lato, invece, abbiamo lo strumento delle fondazioni miste pubblico-privato, come ad esempio quella del Museo egizio di Torino, uno dei primi esempi in Italia di partecipazione del privato alla gestione di un patrimonio culturale pubblico, che ha saputo affermarsi come un modello di eccellenza.

# Dal Grand Tour al turismo lento

Una cella, il sinistro cigolio della porta che si chiude, rumore di chiavistelli. Ferrara, Ospedale di Sant'Anna, anno 1817, Lord Byron si fa rinchiudere nella stanza che fu la prigione di Torquato Tasso, divenuta nel tempo meta di pellegrinaggio laico, per immedesimarsi e rivivere le emozioni del tormentato e visionario autore della *Gerusalemme liberata*. È un'immagine insolita, legata alla mia città, che riaffiora sempre quando penso al Grand Tour, l'antenato del turismo, dal quale la parola stessa trae origine. Si trattava di un viaggio di formazione, per secoli ritenuto imprescindibile per l'educazione dei rampolli dell'aristocrazia europea ma anche per artisti, intellettuali, avventurieri. Un "giro" che poteva durare mesi, come anni, toccando diversi paesi del continente e che aveva come meta prediletta e centrale l'Italia. Una iniziazione al gusto e alla bellezza, attraverso quella varietà di storie, luoghi, monumenti e rovine che, allora come oggi, risalta in tutto il nostro territorio.

Per Cesare De Seta quei viaggiatori cosmopoliti hanno concorso in maniera significativa alla definizione della nostra identità, che si sarebbe costruita come riflessa in uno specchio, attraverso la visuale di chi visitava e raccontava la penisola, riconoscendole una unitarietà sentimentale che politicamente ancora non aveva. "L'idea che l'Italia sia una nazione in senso moderno – ha scritto De Seta – è uno degli esiti più rilevanti dei forestieri che vi giungono."

Alcuni fanno risalire la nascita del Grand Tour al XVI secolo, quando la regina Elisabetta I d'Inghilterra istituì una sorta di borsa di studio, un Erasmus *ante litteram*, per finanziare un'esperienza ritenuta necessaria per chiunque fosse destinato a far parte della classe dirigente. Ma è tra il XVII e il XIX secolo che si afferma come una vera e propria moda. Il merito di averne coniato la definizione viene attribuito a Richard Lassels nel suo *Voyage of Italy* del 1670, ma doveva circolare già da tempo. Un fenomeno secolare che da Stendhal a Goethe, da Byron a Heine ci ha lasciato in eredità un ricco giacimento di diari, guide, romanzi, saggi e dipinti ma anche un approccio tipico della modernità: l'abitudine a spostarsi per il puro piacere di farlo.

La nascita del turismo di massa invece viene convenzionalmente fatta risalire a una precisa data, il 5 luglio 1841, quando il pastore protestante Thomas Cook organizzò il primo pacchetto organizzato, accompagnando oltre cinquecento persone in treno da Leicester a Loughborough, a una manifestazione di astemi, a undici miglia di distanza, al prezzo di uno scellino, pasto incluso. Il successo dell'iniziativa lo fece diventare il primo tour operator della storia: il viaggio, gradualmente, anche grazie all'epopea della ferrovia, da privilegio riservato alle élite diventa un "prodotto" accessibile anche alle classi popolari. Ma sarà il Novecento, quando non travagliato da guerre e conflitti, a essere il secolo del turismo, con il trionfo della mobilità organizzata, e l'affermazione di un'autentica industria delle vacanze.

Negli anni trenta i primi popolari "treni del mare" e "della montagna" iniziano a muovere gli italiani verso i luoghi di villeggiatura. Negli anni cinquanta l'Italia sfrecciava ottimista e spensierata, come la vespa di Audrey Hepburn e Gregory Peck in *Vacanze romane*, verso il risultato di prima meta del turismo internazionale, mentre oggi siamo quinti. Ma all'epoca i viaggiatori nel mondo erano soltanto venticinque milioni, mentre alla vigilia della pandemia si assestavano quasi a un miliardo e mezzo. Una crescita costante, che ha subito una battuta d'arresto ma che verosimilmente riprenderà impetuosa appena la situazione sanitaria lo consentirà, e che rappresenta una sfida per la politica: è necessario governare i flussi, ridistribuirli in una logica di sostenibilità.

Nonostante l'enorme importanza economica e occupazionale del comparto, a livello istituzionale il turismo non sempre ha ricevuto un'adeguata attenzione, è spesso stato trattato come una Cenerentola. Il dicastero del turismo venne istituito nel 1959 insieme allo spettacolo e abrogato nel 1993, travolto dall'ondata dei referendum. Da allora per la materia è cominciato un peregrinare senza pace, cambiando spesso casa, ma il più delle volte assegnata a un dipartimento della presidenza del consiglio, e in questa veste, affidata a un sottosegretario o più di rado a un ministro, ma sempre senza portafoglio. Nelle giornate convulse di trattative e incontri che precedettero la nascita del governo Letta, mi spesi affinché ci fosse un salto di qualità, unendo cultura e turismo. Un binomio che in un paese come l'Italia è perfino superfluo dover spiegare. Enrico condivise questa riflessione e così il 28 aprile 2013 il nuovo governo giurò e Massimo Bray fu chiamato alla guida del Ministero dei beni e delle attività culturali e del turismo. Ho sempre ritenuto che tra i due campi esistesse un nesso fondamentale e avvertito l'esigenza di una visione integrata, una consapevolezza maturata fin da quando, nel 1994, ricoprii nella mia Ferrara la carica di assessore, unificando per la prima volta turismo e cultura. Il nostro straordinario patrimonio culturale esprime un vantaggio inestimabile che infonde più competitività a ogni altra tipologia di turismo: per capirci, se ad esempio parliamo di offerta balneare, è evidente il grande valore aggiunto rappresentato dal fatto che non lontano dalla spiaggia dalla sabbia soffice e dai colori turchini si possano ammirare una pala d'altare, un affresco, una scultura, un museo. L'Italia ha infatti un patrimonio diffuso su tutto il paese, un patrimonio che si dipana dalle grandi città d'arte alle aree più remote, spesso custodito in piccoli borghi che conservano ancora l'identità del paesaggio e la nostra identità culturale, frastagliata e molteplice, ricca di tradizione, bellezza e qualità della vita. Un patrimonio inestimabile che fa del nostro paese una meta per viaggiatori attenti e alla ricerca di una proposta turistica sostenibile.

Del tutto assurdo invece l'abbinamento con il ministero delle politiche agricole verificatosi nel primo governo Conte, non tanto perché non esista un segmento di turismo rurale da sostenere, quanto piuttosto perché frutto più che di uno studio ponderato, dell'impuntatura del ministro leghista dell'agricoltura, in virtù della sua passata esperienza nel settore dei tour operator.

Intervenni in aula per dire che l'unica eventualità che avrebbe comprensibilmente giustificato una separazione dalla cultura, sarebbe stata l'istituzione di uno specifico ministero del turismo, autonomo e dotato di risorse proprie, cosa peraltro accaduta due governi dopo con Draghi. Chiesi al ministro se avrebbe esercitato la sua pretesa anche nel caso avesse guidato un altro dicastero, e se dunque dovevamo tirare un sospiro di sollievo per non esserci ritrovati di fronte al ministero difesa e turismo o giustizia e turismo.

Il turismo spesso è stato percepito con diffidenza e ostilità dall'ambiente culturale, per non dire demonizzato, inserendolo nella categoria, più che dell'evasione, dell'invasione. È innegabile che quando grandi numeri si concentrano negli stessi luoghi e negli stessi periodi dell'anno, rappresentano un rischio che rende più vulnerabile e fragile il nostro patrimonio culturale, ma la risposta non può e non deve essere il rifiuto del turismo quanto piuttosto un ripensamento dei modelli. Per questo bisogna lavorare sul tema della sostenibilità nel turismo, sulle opportunità che possono essere create da un turismo attento e consapevole, un turismo rispettoso del nostro patrimonio diffuso e alla ricerca del contatto umano e identitario che noi italiani possiamo offrire. La pandemia ha reso ancora più evidenti le contraddizioni e le incognite dell'attuale paradigma e la necessità ineludibile di superarlo, con un profondo cambiamento nei comportamenti, nelle decisioni e nelle forme di partecipazione. Ma questo non può e non deve significare evocare, con un certo snobismo, un turismo solo per ricchi.

Il tema è soprattutto qualitativo, non censitario. Il viaggio nel nostro tempo non è solo consumo, ma esperienza. Una domanda turistica matura è alla ricerca di un legame più stretto con il territorio, il viaggiatore cerca l'anima dei luoghi, quello che li rende diversi, unici, un approccio più consapevole chiamato appunto *turismo esperienziale*.

L'intero lavoro avviato negli anni in cui il turismo e la cultura appartenevano allo stesso ministero era su questo solco, e assumeva come valore centrale la sostenibilità. L'idea di un turismo che crea benessere e occupazione tutelando e riqualificando in maniera innovativa il nostro patrimonio culturale, artistico, architettonico e umano per noi e per le generazioni future. Il Piano strategico del turismo 2017-2022, frutto di un lavoro partecipato che ha coinvolto attivamente le regioni e centinaia di stakeholder di tutta Italia per un intero anno, disegna questo percorso di sviluppo, che poggia sul binomio turismo-cultura le proprie chance di competitività. Se "la cultura è l'autore, il turismo è l'editore" come mi ha detto una volta Taleb Rifai, al tempo capo dell'Organizzazione mondiale del turismo, il nostro paese ha dentro di sé la risposta per favorire una migliore ripartizione dei flussi geografico e stagionale: la nostra peculiarità è che i tesori artistici e culturali non sono concentrati solo nelle grandi città ma diffusi capillarmente su tutto il territorio nazionale, dobbiamo "solo" farli conoscere e renderli accessibili. Perfino un viaggio vicino a casa può sorprenderci. Si scoprono paesaggi di incomparabile bellezza di cui si ignorava l'esistenza, piccoli gioielli dimenticati, opere d'arte nascoste, comunità ricche di storia e tradizioni. Il Covid, che ha reso momentaneamente il mondo più piccolo e rialzato le frontiere, ha però riavvicinato molti italiani alla vacanza nel nostro paese: i viaggi a lungo raggio si sono sostanzialmente fermati mentre quelli di prossimità hanno avuto nuovo impulso. Di tante drammatiche conseguenze determinate dall'emergenza sanitaria, questo è forse uno degli elementi di cui far tesoro. Nella strategia di riscoperta dell'Italia profonda, citerò tre temi, sui quali abbiamo lavorato molto e che credo possano rappresentare dei tasselli preziosi per scrivere il futuro: i cammini, i borghi, i treni storici. I cammini ci restituiscono spesso un'Italia minore come notorietà ma non come fascino, si tratta di un'esperienza da consigliare agli stranieri ma anche a noi italiani. Intraprendere un cammino significa inoltrarsi nella bellezza passo dopo passo, scarpe da trekking ai piedi e zaino in spalla. L'Anno dei cammini, che proclamammo nel 2016, ha dato una grossa spinta, unita alla coincidenza con il Giubileo della misericordia, alla crescita dei camminatori italiani. L'idea di fondo è stata quella di sostenere e mappare tutti gli itinerari, non solo quelli più celebri. Molti sono di ispirazione religiosa, sulle orme dei pellegrini che giungevano con la bisaccia a tracolla nel Medioevo, ma l'offerta è vastissima, e comprende sia filoni tematici che la riscoperta di particolari paesaggi storici: penso al progetto per valorizzare l'Appia antica, suggerito da Paolo Rumiz con il suo viaggio a piedi da Roma a Brindisi lungo la *Regina viarum*. Nello stesso anno siglammo un protocollo d'intesa con il ministero delle infrastrutture, l'ANAS e il Demanio per il riutilizzo di case cantoniere e beni demaniali dismessi per progetti di ospitalità, ma anche ciclofficine e punti di ristoro, e stanziammo 60 milioni di fondi FSC per l'Appia, la Via Francigena, i Cammini francescani, la Via Lauretana e il Cammino di San Benedetto.

Il cammino di Santiago di Compostela è forse il più celebre ma noi abbiamo centinaia di possibili itinerari di incomparabile bellezza, alcuni fra i più antichi e suggestivi del mondo. Pensate, per citarne uno su tutti, alla Via di Francesco: attraversa deliziosi borghi medievali come Gubbio, Spello e Trevi, santuari di spiritualità come la Verna, l'eremo delle Carceri, l'abbazia di San Pietro in Valle, Santa Maria della Foresta, scrigni d'arte come Sansepolcro, Perugia, Spoleto e naturalmente Roma, scenari dalla natura incontaminata come le foreste casentinesi, il monte Subasio, la cascata delle Marmore, senza dimenticare ovviamente il cuore del percorso e della vita del santo, Assisi.

Anche in questo caso la nostra strategia deve essere quella di non scommettere su un unico grande cammino ma di promuoverli e sostenerli tutti, come linfa per un turismo diffuso. E in questo disegno, a proposito dei percorsi sulle tracce dei monaci, mi piacerebbe che un luogo ricco di storia e spiritualità, come la Certosa di Trisulti incastonata nei boschi di querce della Selva d'Ecio, e che ha riaperto al pubblico grazie alla collaborazione tra ministero e regione Lazio, possa diventare uno spazio di riferimento europeo sui cammini, insieme ostello e centro studi sul tema del viaggio culturale.

L'altro tema che ritengo centrale è quello dei borghi. È una vicenda che interroga la politica, e che racconta l'emergere di nuove disuguaglianze e marginalità, in quella parte di paese che rischia lo spopolamento. Piccoli centri dove muoiono più abitanti di quanti ne nascano, e i pochi giovani scappano verso le città, per il lavoro e i servizi. Eppure sono luoghi che custodiscono l'anima profonda dell'Italia, dove si mantengono ancora vive le tradizioni più antiche, dove si tramandano le storie e i dialetti e dove si coltivano e si valorizzano quasi tutti i prodotti tipici. Franco Arminio, il poeta cantore della "paesitudine", ha scritto "se hai fretta, in un paese non avrai fortuna". Dobbiamo lasciarci conquistare dalla lentezza, dalla meraviglia che si respira nei borghi, passeggiando o pedalando per le loro piazze, dal calore dell'ospitalità, dall'unicità dei piatti, dai sapori e dalle tradizioni, dalla straordinaria varietà ambientale e architettonica.

Nel 2017 fu l'anno dei borghi e si sono gettati semi che continuano a fiorire. Anche in questo caso l'analisi delle necessità di queste destinazioni minori è stata fatta in maniera partecipativa, dando vita a un Comitato dei borghi che – confrontandosi per un anno – ha realizzato un Manifesto nazionale per i borghi italiani, ponendo così le basi per una visione comune che accompagni lo sviluppo di queste aree. La rivitalizzazione dei centri minori deve infatti basarsi sulla creazione e sul consolidamento di progetti che portino a occupare gli abitanti del luogo e a creare una forte attrattività per nuovi residenti. È necessario anche appoggiare le imprese operanti nel territorio, rafforzando così i soggetti protagonisti dello sviluppo culturale, economico, e sociale; un percorso che bisogna sostenere adeguatamente con la formazione e con strumenti finanziari di accompagnamento.

Vanno incentivate formule come quella dell'albergo diffuso, un tipo di attività che non prevede colate di cemento ma semplicemente il recupero di quello che esiste già: si usano le case, a poca distanza l'una dall'altra, una delle quali ospita la reception, la sala comune e il punto ristoro come se fosse il piano terra di un hotel. Sono hotel "orizzontali", che nascono in piccoli borghi in montagna, al mare o in collina a rischio spopolamento e che propongono al turista una vacanza diversa e spesso rianimano piccoli centri che combattono contro il declino e l'oblio, come ha fatto, coraggiosamente, l'imprenditore Daniele Kihlgren a Santo Stefano di Sessanio, in Abruzzo.

Bisogna immaginare nuove forme di accoglienza, che creino una stretta connessione con il territorio e le comunità ospitanti. Nuove modalità di incontro tra le persone, nuove vie per costruire relazioni e conoscenza reciproca, che tengono insieme dimensione locale e apertura al mondo. La conoscenza tra chi è ospitato e chi accoglie è un'occasione di crescita, di condivisione di reciproco arricchimento, oltre la logica del profitto.

Nel PNRR i borghi hanno un ruolo centrale e un finanziamento unico nella storia, pari a un miliardo di euro. La sfida è quella di evitare finanziamenti a pioggia e di dimostrare che se si interviene concretamente su un piccolo borgo lo si può ripopolare e rigenerare costruendogli una vocazione, per questo quasi la metà delle risorse previste, 420 milioni, saranno suddivise in ventuno progetti, uno per regione, per il rilancio economico e sociale dei piccolissimi borghi disabitati o in declino, puntando a rigenerarli, riqualificarli e rivitalizzarli.

Il resto del miliardo è destinato a circa duecentoventinove borghi che attraverso un bando devono presentare progetti di rigenerazione culturale e sociale sostenibili: vogliamo evitare un finanziamento che si limita a portare soldi per progetti temporanei. L'obiettivo è far sì che la cultura diventi sostenibile, ovvero dia luogo a una progettualità che costruendo una solida economia locale sviluppi occupazione rivitalizzando il borgo e rendendolo sempre più attrattivo. Attraverso questo grande investimento si vuole infatti invertire un paradigma per cui i nostri borghi siano un problema generando una nuova visione, per cui i borghi sono un'importante risorsa per il paese per rianimare e rivitalizzare la nostra economia. Il loro patrimonio diffuso culturale è infatti un bacino ideale per costruire progetti sostenibili dove la creatività e la digitalizzazione divengono gli strumenti di rigenerazione. Alla visione romantica del borgo incastellato vogliamo infatti associare quella di luogo dinamico e attraente per le nuove generazioni, che grazie a questo grande investimento potranno trovare l'opportunità di costruire, insieme alle amministrazioni, progetti per oggi e per domani.

Un altro aspetto sul quale abbiamo scommesso è stato quello delle ferrovie storiche. La magia antica e sempre nuova del treno, che fa parte dell'immaginario collettivo fin da quando gli spettatori parigini sussultarono di meraviglia per il primo filmato dei fratelli Lumière, è il fulcro di una precisa strategia per promuovere un modo di viaggiare lento e sostenibile, un'autentica esperienza culturale.

L'insieme di mezzi, binari, ponti e gallerie del nostro paese costituisce uno straordinario patrimonio che abbiamo ereditato, e che merita di essere difeso e valorizzato. L'impegno per rilanciare e valorizzare le ferrovie storiche, alla scoperta di scorci, paesaggi e itinerari culturali. Binari, quelli delle ferrovie secondarie, da rilanciare per un uso turistico stabile, linee ferrate che ricamano il territorio con meravigliose giravolte che consentono di vedere scorci bellissimi delle nostre aree interne. Muoversi senza frenesia e senza fretta, per ammirare la bellezza che ci circonda e dialogare con i propri compagni di vagone. Sul treno infatti si indugia con lo sguardo oltre il finestrino, ci si apre più facilmente con gli altri, si scambiano storie e racconti, frammenti del luogo di partenza e di quello di arrivo.

La consapevolezza delle potenzialità di questo prezioso segmento è stata al centro di un percorso avviato fin dal 2014 nella collaborazione tra il ministero e la Fondazione Ferrovie dello stato con il progetto "Binari senza tempo". Nel 2015 lanciammo il treno nella Val d'Orcia, uno dei paesaggi più belli del mondo. Treni non ad alta velocità ma ad alta panoramicità. Un impulso ulteriore è arrivato dall'approvazione nel 2017 della legge n. 128 *Disposizioni per l'istituzione di ferrovie turistiche mediante il reimpiego di linee in disuso o in corso di dismissione situate in aree di particolare pregio naturalistico o archeologico* che già individuava e classificava come tratte ferroviarie a uso turistico diciotto linee dismesse o sospese, caratterizzate da particolare pregio culturale, paesaggistico e turistico. In questi anni sono stati molti gli interventi e le risorse rivolte a questa finalità, e nel 2020 è stato inaugurato l'anno dedicato ai treni turistici, poi ovviamente interrotto per l'arrivo del Covid.

Nel Recovery Plan, abbiamo previsto infatti circa 435 milioni di euro complessivi per una rete di percorsi, treni storici, cammini e itinerari storici e culturali.

Anche in questo caso l'obiettivo è quello di offrire la possibilità di viaggiare lungo linee storiche per visitare i luoghi più affascinanti e suggestivi, e far conoscere non solo i tesori delle grandi città d'arte e di far vivere lo stupore per i panorami di un'Italia meno conosciuta ma non per questo meno bella.

Cammini, borghi, treni storici: so bene che il turismo è anche molto altro, è impresa, è ricettività alberghiera, è politica dei trasporti e delle infrastrutture, è integrazione di filiera, è promozione, è competitività sui mercati internazionali, ma questi tre titoli racchiudono una scommessa, il coraggio di tentare di un modello alternativo, il non adagiarsi, il non rimanere prigionieri dell'inerzia. Sono la risposta organizzata e strutturata a una domanda sempre più in crescita, nata prima del Covid e consolidata in questo periodo difficile. Una proposta alla portata di tutti i portafogli che permette di portare sviluppo in aree complesse e a rischio abbandono, che risponde alla necessità della tutela e della valorizzazione del nostro patrimonio diffuso e che sazia le esigenze di un mercato in evoluzione, sempre alla ricerca di nuove proposte. La consapevolezza che non dobbiamo sprecare questa crisi tornando semplicemente alla vita prima del Covid, ripetendo gli stessi errori, quanto piuttosto inventare il cambiamento, avendo il coraggio di cercarlo, di crearlo. Provando a scrivere una pagina nuova.

# Le capitali della cultura

Davanti ai maxischermi si era radunata la folla delle grandi occasioni, le piazze attendevano il responso con il fiato sospeso. Quel tiepido 17 ottobre 2014 lo stesso clima di trepidazione si respirava nel salone del ministero, dove le delegazioni delle sei città finaliste, e una calca di giornalisti e tifosi, aspettavano di sapere quale sarebbe stata la Capitale europea della cultura 2019. Steve Green, presidente della giuria composta da tredici esperti, in piedi accanto a me, scrisse con l'indice sul suo tablet il nome della vincitrice, e me lo passò affinché potessi annunciarlo: Matera. Grida di gioia, lacrime, abbracci. Un'ondata di emozione che unì il Collegio romano con il centro storico della città lucana, da dove salì un boato incontenibile e cominciò una notte di festa, mentre le piazze delle altre città si spegnevano deluse.

Un titolo nato nel 1985, su proposta di Melina Mercouri, all'epoca ministro della cultura greca, con l'idea di promuovere la conoscenza e il riconoscimento reciproco fra cittadini europei, e valorizzare quella diversità e pluralità di culture che rappresenta la nostra ricchezza.

In Italia la selezione aveva scatenato un meccanismo virtuoso senza precedenti, di capacità progettuale, di programmazione e di creatività. In tutte le città che avevano concorso, e in particolare nelle sei finaliste, si erano attivate buone pratiche e nuovi fermenti. Può sembrare una considerazione un po' alla de Coubertin, ma davvero partecipare già di per sé si era rivelata una bella occasione per restituire centralità alle politiche culturali, mobilitare energie e mettere in rete i propri talenti.

La prossima volta che l'Italia avrebbe avuto diritto a ospitare la capitale europea della cultura sarebbe stato nel lontano 2033 ed era un peccato suscitare tutte queste forze positive solo così sporadicamente nel tempo. In realtà anche nel 2025 avremo l'onore di capitale europea, ma in quel momento non potevamo saperlo né immaginarlo: si tratta infatti del turno della Slovenia, ma Nova Gorica, con una scelta dal grande valore simbolico, ha deciso di scommettere sulla cooperazione transfrontaliera, condividendo il titolo con la vicina Gorizia.

Ecco perché abbiamo deciso di istituire il titolo di Capitale italiana della cultura, un appuntamento annuale che mette in moto permanentemente questa occasione di crescita culturale ed economica, tra tutte le città italiane grandi e piccole.

La vittoria di Matera, e il grande lavoro successivo, ha rappresentato una straordinaria impresa collettiva. Matera è un simbolo di riscatto e speranza: una città del Mezzogiorno apparentemente marginale e periferica ha saputo fare dell'intreccio tra bellezza, arte e comunità un tratto fondante della propria vocazione e un elemento di forza. Nel primo dopoguerra era stata definita "vergogna nazionale" da Palmiro Togliatti, e Alcide De Gasperi, visitandola nel luglio del 1950 accompagnato da un giovane Emilio Colombo, rimase scosso per le precarie condizioni di vita degli abitanti delle grotte, le stesse descritte cinque anni prima da Carlo Levi in *Cristo si è fermato a Eboli*: "Dentro quei buchi neri dalle pareti di terra vedevo i letti, le misere suppellettili, i cenci stesi. Sul pavimento erano sdraiati i cani, le pecore, le capre, i maiali. Ogni famiglia ha in genere una sola di quelle grotte per abitazione e ci dormono tutti insieme, uomini, donne, bambini, bestie." Grazie all'impulso dello statista democristiano arrivò una legge di risanamento che portò alla realizzazione di nuovi quartieri, assicurando una casa dignitosa alle famiglie.

I sassi divennero così una città fantasma, fino alla riscoperta da parte del cinema, come con *La lupa* di Alberto Lattuada e soprattutto con *Il vangelo secondo Matteo* di Pier Paolo Pasolini, che trasformò gli scorci, i volti, le pietre della Basilicata nella Palestina dei tempi di Cristo. Un meraviglioso paesaggio culturale, che l'Unesco ha voluto riconoscere come patrimonio dell'umanità nel 1993, rilanciandone la valorizzazione.

Il fascino dei sassi è stato senz'altro un ingrediente prezioso ma a convincere la commissione è stato prioritariamente il programma, un visionario progetto di trasformazione urbana, sociale e culturale. Non ci si è limitati a testimoniare l'eredità del passato, o a "importare" modelli immaginati altrove. La competizione non era un concorso di bellezza fra città o un giudizio sulla storia passata: Matera ha vinto "anche" perché è bella ma soprattutto per la qualità del suo dossier. Si è animato un percorso partecipativo, si sono coinvolte le associazioni, i cittadini, i giovani. Un itinerario che è riuscito a produrre coesione sociale, a rendere più accessibile la cultura a tutti, non solo a élite ristrette. Matera si è conquistata un ruolo attrattivo e vivace di produzione culturale. Inoltre, per quanto possa dispiacere agli opposti estremismi di chi ritiene che "con la cultura non si mangia", insieme alle iniziative, agli spettacoli, ai progetti, fra le antiche mura di tufo sono fioriti gli esercizi commerciali, le case vacanze, i bed and breakfast, i laboratori artigianali, le start-up tecnologiche che hanno fatto parlare di "Basilicon Valley". Un territorio che è riuscito a coniugare tradizione e innovazione, manualità a digitalizzazione. Il modello resiliente della civiltà rupestre e contadina, l'accoglienza e i linguaggi della modernità.

Secondo il report di monitoraggio a fronte di un investimento di 49 milioni di euro, le ricadute economiche sul territorio hanno avuto un valore di circa 91 milioni di euro con una crescita occupazionale, nel periodo 2015-2019 del 10 per cento a Matera città, del 4 per cento in Basilicata a fronte, nello stesso periodo, di una crescita del 0,5 per cento nel resto d'Italia. E dal 2014 al 2019 le presenze turistiche in città sono cresciute di circa il 200 per cento. Il 2019 per Matera non è stato l'approdo a un punto d'arrivo ma un nuovo inizio.

Come dice Salvatore Adduce, "il 2019, a Matera, è durato almeno dieci anni", perché il percorso di maturazione, condivisione e poi attuazione, fin dai primi passi, è durato più di un decennio. Una stagione di cambiamento che l'avvento drammatico della pandemia ha ovviamente rallentato ma che, sono certo, non verrà interrotta.

Per quanto riguarda la capitale italiana, partimmo nel 2015 conferendo il titolo d'ufficio alle cinque città partecipanti alla selezione della Capitale europea della cultura 2019 che, pur finaliste, non erano risultate vincitrici: Cagliari, Lecce, Perugia, Ravenna, Siena. Dall'anno successivo si è applicata la stessa dinamica competitiva mutuata dal modello europeo, la scelta affidata a una commissione composta da personalità ed esperti di alto profilo e competenza, che decide in assoluta autonomia e indipendenza, e lo stanziamento di un milione di euro che si aggiunge alle altre risorse messe in campo a livello locale. La prima volta, nel 2016, vinse Mantova. Questo brumoso scrigno d'arte e di storia, a chi arriva appare come sospeso sull'acqua. Nel Teatro Bibiena, una bomboniera settecentesca che ospitò appena inaugurato un concerto di Mozart appena quattordicenne, tenemmo la cerimonia di apertura insieme al presidente del consiglio Matteo Renzi e al sindaco Mattia Palazzi. A proposito della storica rivalità gastronomica tra la città di Virgilio e dei Gonzaga e la mia Ferrara dichiarai una sorta di tregua: solo per il 2016 avrei riconosciuto la superiorità dei tortelli di zucca sui cappellacci. A fine anno, alla manifestazione di chiusura, presente il presidente Mattarella, potei finalmente riaffermare l'indiscusso primato del *caplàz*.

Nel 2017 vinse Pistoia, nel 2018 Palermo, nel 2019 non venne assegnato il titolo per concentrare le energie su Matera, nel 2020 Parma, slittata al 2021 a causa della pandemia. Nel 2022 è il turno dell'isola di Procida, un esperimento interessante per due ragioni: per la prima volta non vince una città ma un comune sui diecimila abitanti, e l'elemento dell'insularità è vissuto come un'opportunità. Sarà una sfida interessante per questo microcosmo nel quale Elsa Morante, all'ombra di un agrumeto, ebbe l'ispirazione per *L'isola di Arturo* che le valse il premio Strega.

Per il 2023 l'attribuzione è spettata a Brescia e Bergamo, senza selezione, per volontà del parlamento come simbolo della ripartenza del paese post-Covid, mentre per il 2024 la commissione ha scelto Pesaro.

Ogni edizione, con accenti e declinazioni diverse, si è sempre rivelata una grande occasione di visibilità nazionale e internazionale, un momento per mappare le proprie eccellenze e costruirne di nuove, per creare sinergie tra le istituzioni e i privati, per piantare il seme di un'esperienza che continua a crescere e a produrre frutti anche dopo.

# Torna l'arena al Colosseo

Una foto in bianco e nero di fine Ottocento, proveniente da quello straordinario scrigno di memoria visiva nazionale che è l'archivio Alinari, raffigura il Colosseo con la sua arena. Così è stato visto per secoli il più grande e maestoso anfiteatro dell'antichità, uno dei monumenti più famosi e visitati del mondo, il simbolo stesso della Città Eterna.

Un luogo dal fascino unico, che nei secoli ha attraversato usi e fasi diverse e vissuto mille storie. Costruito al posto del lago artificiale di Nerone, su impulso di tre esponenti della dinastia Flavia, la sua vocazione originaria rimane la più nota e presente nell'immaginario comune, quella di sede dei giochi sanguinosi e mortali dei gladiatori, e delle cacce di animali esotici. Ma dopo il tramonto dell'impero, nel corso del tempo ha cambiato più volte significati e funzioni: nel Medioevo ha conosciuto l'incuria e insieme ha brulicato di vita, conteneva botteghe, dimore, stalle, chiese e cripte, e perfino una fortezza, eretta dalla potente famiglia Frangipane. Nel Rinascimento è stato modello e fonte di ispirazione per i grandi artisti e architetti, continuando però a essere sfruttato come cava di recupero per marmi e travertini, reimpiegati per costruire e abbellire altri edifici, inclusa la basilica di San Pietro. Nel Settecento da un lato papa Lambertini lo consacrò alla memoria dei martiri come scenario di processioni e rappresentazioni religiose, dall'altro assurse a meta obbligata del Gran Tour, imprescindibile tappa per poeti, scrittori e vedutisti. Sempre però il suo spazio centrale ha continuato a essere, per i romani e i viaggiatori, una sorta di piazza incorniciata, frequentata e percorsa a ogni ora del giorno e perfino della notte, come testimonia il racconto di Benvenuto Cellini alle prese con la negromanzia al chiarore della luna. Fu una stagione relativamente recente, quella degli scavi archeologici ottocenteschi, che portò al disseppellimento degli ambienti sotterranei. Oggi, se dall'esterno con la sua mole inconfondibile manifesta la sua imponente presenza, all'interno rivela un contesto di più difficile lettura, un labirinto di muri, vani e corridoi, che ricorda lo scafo scoperchiato di una nave. Presto però, riavrà il suo piano di calpestio. Ma andiamo per ordine. Il 2 novembre 2014 con un tweet aderisco alla proposta che l'archeologo Daniele Manacorda aveva espresso in un articolo su "Archeo". Apriti, cielo! Cosa proponeva Manacorda? Restituire al Colosseo la sua pavimentazione, ottenendo con una sola operazione molteplici risultati: renderlo più comprensibile, ripristinando la sua immagine originaria, e più fruibile, sia sopra, con l'arena utilizzabile per eventi di alto livello, che sotto, con gli ambienti ipogei che ritornando coperti, sarebbero stati meglio tutelati e protetti dalle intemperie e avrebbero aiutato a comprendere il funzionamento del "dietro le quinte" dell'anfiteatro, quel complesso sistema di percorsi, montacarichi, botole e macchine sceniche. I sotterranei infatti rappresentano un monumento nel monumento, l'unica parte arrivata fino a noi, in assenza di riusi, ferma alla fine del V secolo, quando venne completamente interrata.

"Ridando vita ai sotterranei," scriveva Manacorda, "si restituisce anche vita all'arena, al senso stesso di ogni anfiteatro di ieri, di oggi e di domani, cioè di un luogo in cui, lo dice la parola stessa, dall'intorno si osserva quel che accade al centro." La mia adesione all'idea suscitò un acceso dibattito fra esperti e non solo. Un vivace confronto dove non sono mancate punte di benaltrismo, catastrofismo e semplice diffidenza verso la novità ma anche contributi, su entrambe le posizioni, interessanti e costruttivi. Per lo storico dell'arte Tomaso Montanari "è un'idea povera culturalmente, banale e banalizzante, che confonde conoscenza e intrattenimento". Addirittura "la bandiera di una politica culturale di destra: mercatista, ultraliberista, antipopolare". Rendere un monumento più decifrabile e fruibile per i cittadini non mi pare affatto una scelta antipopolare, tutt'altro. Non sono mancate le voci favorevoli da parte di personalità autorevoli dell'archeologia italiana, come Adriano La Regina, Andrea Carandini e Giuliano Volpe.

Del resto la proposta di ripristinare l'arena non è nuova: la prima formulazione è del 1895, quando gli scavi avevano scoperchiato metà dei sotterranei, e a suggerirla al ministro dell'istruzione fu l'ufficio regionale per la conservazione dei monumenti di Roma, nella persona dell'ingegner Marchetti. Se ne tornò a parlare nel 1909, su iniziativa dell'archeologo Giacomo Boni, e poi negli anni trenta, quando il governatore della città, Boncompagni Ludovisi, chiese invano al soprintendente ai monumenti di progettare una protezione dei resti sottostanti, che restituisse al Colosseo il suo aspetto originario e creasse un piano utile per iniziative pubbliche. L'idea fu riproposta per il Giubileo del 1950, quando si realizzò un semplice impiantito di legno, poi rimosso. Finché una porzione, circa un sesto, del piano dell'arena fu ricostruita e inaugurata nel 2000, tanto che la stessa soprintendenza di Roma valutò nel 2002 un'estensione del piano fino alla mezzeria dell'invaso.

Quello che forse nessuno immaginava, una volta passato il polverone mediatico dei primi giorni, è che il mio tweet non sarebbe rimasto lettera morta. Il 1° settembre 2015 la realizzazione dell'arena è stata inserita nell'elenco dei Grandi progetti beni culturali, con un finanziamento di 18,5 milioni di euro. Da allora si sono svolte numerose indagini che hanno visto la partecipazione di architetti, archeologi, restauratori e strutturisti del parco archeologico del Colosseo, per definire le modalità di realizzazione dell'intervento, che ha portato nel 2020 alla pubblicazione e aggiudicazione del bando di gara. La nuova arena sarà leggera, reversibile e sostenibile. Consentirà di proteggere i sotterranei, fornirà il senso di una forma compiuta e comprensibile, e si presterà per rendere il monumento più vivo, utilizzabile in occasione di eventi e manifestazioni particolari, ovviamente con numeri compatibili per sostenibilità e sicurezza.

L'Italia è un palcoscenico della storia, dove si sovrappongono stratificazioni diverse e il miglior modo per proteggere questo patrimonio, in molti casi, potrebbe essere proprio quello di dargli una nuova vita. Chi l'ha detto che i siti e i monumenti vanno solo contemplati, e non vissuti? Non si tratta dunque solo di ereditarli e tutelarli ma anche di frequentarli responsabilmente e rispettosamente, di incentivare una crescita culturale partecipativa, di favorire una riappropriazione consapevole del patrimonio culturale da parte dei cittadini e dei visitatori. Sarebbe bello, ad esempio, sostenere un grande circuito dei "teatri di pietra", una rete e un cartellone di respiro internazionale che possa avere come riferimento e centro propulsivo l'INDA, il glorioso Istituto nazionale per il dramma antico, nato nel lontano 1914 per riportare dopo millenni gli spettacoli classici nella suggestiva cornice del teatro greco di Siracusa. Si fa già molto e bene ma è giusto promuovere un salto di qualità, scommettere su una visione coordinata. Abbiamo moltissimi teatri e anfiteatri greci e romani, alcuni dei quali non sufficientemente valorizzati, che potrebbero avere nuova vita, unendo manifestazioni e tutela del patrimonio. Luoghi di incomparabile fascino come il teatro greco di Segesta o quello di Taormina, il teatro romano di Ostia antica o l'anfiteatro romano di Santa Maria Capua Vetere, il secondo in ordine di grandezza dopo il Colosseo, dove partì la scintilla della celebre rivolta di Spartaco. A Volterra ho visitato "l'anfiteatro che non c'era", come è stato ribattezzato lo straordinario sito scoperto casualmente pochi anni fa durante dei lavori di bonifica di un fosso, del quale non vi era traccia nelle fonti antiche né nella memoria collettiva. Dalla terra sta affiorando l'arena, il sistema degli ambulacri sotterranei, il corridoio voltato, in un grande lavoro di squadra tra la Soprintendenza, il CNR, l'Università, i privati.

Spesso sono stati inglobati dalle città, incastonati tra i palazzi, come a Trieste, a Lecce o a Catania. Per non citare Napoli, dove quasi nascoste in un dedalo di vicoli nel cuore del centro storico spuntano le gradinate del Teatro di via Anticaglia, gli archi incorporati nelle case, con i bassi e le cantine che nascondono botole e porticine per accedervi.

Come ha scritto Martina Treu, il teatro antico riesce a essere al tempo stesso universale e locale, senza tempo e sempre attuale, perché "appartiene alla dimensione sospesa e atemporale del mito, non è legato a nessuna realtà specifica e si adatta a tutte".

La cultura classica esprime parte delle nostre radici, una fonte a cui attingere, un universo inesauribile di simboli, di storie, di domande che ancora vive in noi, e verso il quale, insieme alla Grecia, abbiamo un debito e una responsabilità. Un mondo così simile e così diverso dal nostro, che non ha mai smesso di interrogare la nostra identità passata, presente e futura. Promuovere maggiormente il teatro classico, riportarlo in scena attraverso i volti, le voci e i gesti di artisti e registi di fama internazionale, è un modo per farlo conoscere alle nuove generazioni e insieme un'opportunità per valorizzare quei siti che rappresentano prosceni meravigliosi. Nel tempo della globalizzazione e delle identità plurali, aprirsi agli altri significa anche non omologarsi, evitare uniformità e conformismo riscoprendo ciò che ci rende originali, un po' come ha fatto coraggiosamente, nel campo della lingua, l'accademia Vivarium Novum, una vera e propria eccellenza, dove ragazzi provenienti da tutto il mondo studiano e parlano latino e greco antico. È un luogo magico, come la Hogwarts di *Harry Potter*, visitatelo e troverete studenti e studiosi che discutono nelle lingue antiche non solo durante le lezioni ma anche a mensa o mentre mettono in musica i *carmina* di Catullo.

Tornando ai teatri all'aperto, penso non debba essere un tabù immaginarne la costruzione di nuovi, in luoghi suggestivi, attraverso un sapiente dialogo con il paesaggio. Gli esempi non mancano, penso al Gran Teatro sulla riva del lago Massaciuccoli, davanti alla casa di Giacomo Puccini, che ogni anno ospita il festival dedicato al grande compositore.

Al Teatro Continuo che immaginò Alberto Burri nel parco Sempione a Milano, che sembra incorniciare la Torre Filarete del Castello Sforzesco da un lato e l'Arco della Pace dall'altro. O penso a quel piccolo gioiello che è il teatro di Andromeda, in Sicilia, voluto e costruito con le sue mani dal pastore e scultore Lorenzo Reina, a circa mille metri di altezza sui monti Sicani, da cui si vede in lontananza la sagoma dell'isola di Pantelleria.

# Pompei, da vergogna a modello

Sessantasei ettari, un'affascinante trama di muri, colonnati, case, strade, teatri. Pompei è un luogo unico al mondo, che ogni italiano dovrebbe visitare almeno una volta nella vita. Dalla memoria ne affiora il mio primo ricordo, insieme ai miei genitori e a mia sorella, avrò avuto sette anni. È impossibile rimanere indifferenti al caleidoscopio di emozioni e riflessioni che è in grado di suscitare, celebrando insieme la morte e la vita.

Evoca la caducità dell'esistenza umana davanti alla forza della natura, che si manifesta nella potenza del vulcano. Quel Vesuvio la cui sagoma incombe sempre sugli scavi, una presenza immanente, che rendeva e rende unica e fertile la terra, e però in grado, in pochi istanti, di travolgere migliaia di vite umane e seppellire in una coltre di cenere e lapilli una fiorente città, facendola scomparire dalle mappe. Tuttora non si può non provare turbamento, nel guardare i calchi di quei corpi, rannicchiati, contorti, fissati nell'istante di una morte orribile.

Ma Pompei è anche paradossalmente un inno alla vita, attraversare le sue vie significa fare un tuffo nella quotidianità, nei costumi, nei commerci, negli affanni di duemila anni fa. Ogni edificio, ogni oggetto, ci restituisce una miniera di informazioni, ci accompagna nel pulsare di traffici e incontri, nelle taverne, nei santuari, nei mercati, nel foro. Un viaggio nel tempo, dove affiora, dallo street food dei *termopolia* alle pagnotte del forno di Modesto, ritrovate intatte secoli dopo, un insolito senso di prossimità, un riconoscersi in quegli uomini e quelle donne, così lontani e diversi e insieme così vicini. Penso ad esempio ai graffiti sui muri, dove troviamo propaganda elettorale e annunci di spettacoli, pubblicità e maldicenze, poesie romantiche e invettive sarcastiche, a volte scurrili e oscene.

In questo grande scrigno di storie, qua e là emergono punti di contatto tra noi e loro, frammenti del passato che ci aiutano nella comprensione delle dinamiche del presente, chiavi di lettura per orientarsi nella nostra epoca, attraverso sentieri a volte insospettabili, che rimandano a quel mondo perduto.

Ma per me Pompei è stata anche una sorta di spietata iniziazione da ministro: il 3 marzo 2014, a poco più di una settimana dal mio insediamento, a seguito di una forte pioggia, avvennero alcuni crolli. Erano il colpo di coda di uno stillicidio di cedimenti e frane di muri e coperture che proseguiva da anni, a cominciare dal più clamoroso episodio, quello della Schola Armaturarum nel novembre 2010, che aveva acceso i riflettori di un'enorme, e sacrosanta, attenzione mediatica. Proprio quel caso però, rendendo evidente all'Italia e al mondo intero il grave stato di criticità e degrado in cui versava buona parte dell'area archeologica, aveva gettato il seme per una ripartenza. Si iniziò a lavorare a un piano, il "Programma straordinario per Pompei", come grande progetto comunitario. Il piano venne approvato dalla Commissione europea il 29 marzo 2012 per un importo complessivo di 105 milioni di euro. Trovate le risorse rimaneva però il tema della nostra cronica incapacità di spendere i fondi, alla quale si cercò di rimediare con una nuova legge, il decreto *Valore cultura*, che approvammo con il governo Letta e Massimo Bray al Collegio romano. La nuova legge creò i presupposti per un significativo cambio di *governance* che portò dal 3 dicembre 2013 a Pompei, come direttore generale del Grande progetto, Giovanni Nistri, poi divenuto comandante generale dell'Arma dei carabinieri, affiancato dal 4 marzo 2014, il giorno dopo i crolli che mi accolsero al ministero, da Massimo Osanna, prima come soprintendente speciale di Pompei, Ercolano e Stabia e poi, dopo la riforma, come direttore del Parco archeologico di Pompei. Quando arrivai al ministero si era speso poco più dello 0,5 per cento dei finanziamenti, mentre oggi possiamo dire che il Grande progetto Pompei è stato un successo e un modello per la capacità di spesa, e per questo serbo gratitudine per Osanna e per Nistri e i suoi successori Luigi Curatoli, Mauro Cipolletta e Giovanni Di Blasio, oltre che per le tantissime professionalità che hanno fatto gioco di squadra in questi anni, contribuendo a trasformare Pompei da metafora negativa dell'Italia a simbolo di riscatto e di rinascita.

"Pompei è un esempio per l'Europa. Siatene fieri," ha detto la commissaria europea per le politiche regionali Corinna Cretu, in visita al sito il 9 febbraio 2017. Una frase che fa eco all'esito largamente positivo dell'ultimo report della commissione di ispettori Unesco, che in un punto dichiarano: "Finalmente a Pompei, non più parole, ma fatti!" Progetti di largo respiro, estesi sistematicamente all'intera città, hanno del resto cambiato radicalmente Pompei, la sua immagine e la sua materialità, mettendo in sicurezza l'intero comprensorio ed eliminando al contempo quel degrado diffuso, per troppi anni indecorosa fonte di vergogna per il paese. Cito solo alcuni numeri: settantasei nuovi interventi, di cui cinquantuno relativi a scavi e messa in sicurezza, quarantacinque edifici restaurati e consolidati, trentamila metri cubi di materiale di scavo, oltre a numerosi interventi per la fruizione e la comunicazione del parco.

Da un lato, dunque, messa in sicurezza totale dell'area archeologica, restauri di *domus* ed edifici, con le loro architetture, mosaici, affreschi e stucchi ma anche la gestione dell'assetto idrogeologico del sito e la stabilizzazione dei pendii dell'area non scavata. Dall'altro un'attenzione particolare alla sua fruizione, all'archeologia pubblica, con l'elaborazione di nuovi percorsi, per una migliore accessibilità per persone con disabilità, o per le famiglie con passeggini. Prima cadevano i muri, ora cadono le barriere architettoniche. Dopo trentasei anni di chiusura, è stato restituito al pubblico il museo dell'Antiquarium, ora ulteriormente ristrutturato, e sono stati creati nuovi spazi espositivi per i reperti dell'area di Stabia nella Reggia di Quisisana, a Castellammare.

Per i prossimi anni la sfida sarà rendere all'altezza di Pompei tutto quello che circonda il sito, le infrastrutture esterne, i parcheggi, i servizi, l'accoglienza e l'ospitalità.

Pompei al momento è servita da due linee ferroviarie che non sono interconnesse, la Circumvesuviana, che ha una fermata a Villa dei Misteri, e la linea delle FS da Napoli a Villa San Giovanni, che ferma di fronte al santuario mariano. Le due linee, che al momento non dialogano, si intersecano una sopra l'altra. Al punto di intersezione dovrà esserci una nuova stazione, dove le corse dei due gestori si possono mettere a sistema.

Sarebbe un'enorme svolta nel sistema di trasporto verso gli scavi che oggi avviene esclusivamente su gomma. Dal nuovo hub, una passerella porterebbe direttamente alla biglietteria e un Frecciarossa, instradato sulla linea di Pompei, potrebbe connettere Roma Termini o Fiumicino in un'ora e mezza circa, e da lì tutte le città poste sulla rete alta velocità.

In questa logica di valorizzazione negli ultimi anni sono stati organizzati eventi e manifestazioni, convegni, conferenze, iniziative. Fra i tanti, vorrei citare due eventi in particolare: un concerto e una mostra. Nel luglio 2016, dopo esserci incontrati al Collegio romano, si esibì nell'anfiteatro di Pompei David Gilmour, chitarrista e voce dei Pink Floyd. Tutto partì tempo prima, quando scrissi all'intera band per proporle di ritornare a Pompei. Il nome del gruppo infatti è indissolubilmente legato a quello del sito archeologico da quando, nel 1971, vi realizzò un film-documentario-concerto entrato nella leggenda. Quattro giorni di riprese, girate dal regista Adrian Maben, nell'anfiteatro deserto, lo stesso dove invece Gilmour, l'unico a raccogliere l'invito, avrebbe cantato per il pubblico quarantacinque anni dopo. Ora si sta lavorando per celebrare degnamente i cinquant'anni della prima proiezione, che avvenne nel 1972.

La mostra invece è quella di Igor Mitoraj. Lo incontrai a Pietrasanta, la sua comunità d'elezione, una terra il cui *genius loci* racchiude la sapienza della lavorazione del marmo e del bronzo e la magia della scultura fin dai tempi di Michelangelo Buonarroti.

Visitai il suo regno, un magnifico laboratorio-cantiere, e conversammo circondati dalle opere: volti enigmatici, busti mutilati, giganti feriti, in grado di rievocare allo stesso tempo il passato e la fragilità dell'uomo contemporaneo. Un ponte tra la nostra epoca dilaniata e dolente e l'età classica. Per me, ferrarese, la suggestione immediata fu quella di cogliere qualcosa della misteriosa inquietudine metafisica di de Chirico.

Mentre assistevano silenti dèi, efebi ed eroi scheggiati e frammentati, quelle inconfondibili statue che fecero parlare a Giovanni Testori di "resurrezione della bellezza", spuntò una vecchia idea del maestro. Immaginammo di realizzare, dopo le esposizioni ai templi di Agrigento e ai Mercati di Traiano a Roma, una sua mostra in un altro scenario archeologico dal fascino impareggiabile: Pompei. Purtroppo non potette assistere alla realizzazione del suo sogno. Quando inaugurammo la mostra insieme al presidente Mattarella, il 14 maggio 2016, il maestro ci aveva già lasciato da due anni. Quel giorno una pioggia torrenziale ci sorprese e fra le tante immagini di Pompei, ricorderò sempre il profilo della città velato dal fitto temporale, i contorni sfumati delle statue moderne e delle *domus*, a rendere ancora più evocativo e incerto il legame fra arte contemporanea e storia.

# Via le grandi navi da Venezia

È capitato anche a me. Seduto al tavolino di un caffè, alzare lo sguardo e trovare la linea d'orizzonte coperta da una gigantesca nave da crociera che si avvicinava, solcando il canale della Giudecca. La sua mole mastodontica incombeva, più alta dei palazzi e delle chiese attorno, e sembrava quasi voler speronare piazza San Marco con la prua. La sensazione è di un qualcosa di fuori posto, straniante e minaccioso insieme, come le immagini di quei vecchi film con Godzilla o King Kong che sovrastano terrificanti gli edifici.

Nessuno vuole demonizzare l'attività crocieristica, un comparto peraltro nel quale esistono importanti realtà italiane, ma è innegabile la sua incompatibilità con un ecosistema fragile come quello della laguna. Non solo perché queste enormi "navi-grattacielo", per usare l'efficace immagine di Salvatore Settis nel suo *Se Venezia muore*, alterano la stupenda *skyline* della città. Sono infatti un fattore di rischio per l'ambiente e rappresentano un potenziale pericolo per la sicurezza del patrimonio culturale e delle persone.

Per fortuna gli incidenti, che pure negli anni si sono episodicamente verificati, non hanno avuto gravi conseguenze. Il più recente nel 2019, quando si è spezzato un cavo di un transatlantico in avaria, trainato da due rimorchiatori, ed è andato a sbattere su un battello turistico, provocando quattro feriti, qualche passeggero finito in mare e tanta paura.

Venezia appartiene ai veneziani e insieme al mondo intero, è una comunità locale e un'icona universale, un luogo dell'anima. Nel suo legame simbiotico con l'acqua, l'architettura veneziana, ha scritto con parole suggestive il grande storico e critico d'arte Sergio Bettini, "dovette farsi così leggera e diafana; tradursi in valori di colore, di luce, di ritmo; dissolvere le masse; divenire infine un'immagine senza peso, quasi senza materia".

Chiunque ci sia stato è rimasto stregato dalle sue atmosfere, dal fascino unico del fitto dedalo di calli e campielli, e chi non c'è mai stato sogna di visitarla almeno una volta nella vita. Non a caso è una delle città più imitate in assoluto: novantasette volte, aveva contato Guido Moltedo in un gustoso libricino chiamato *Welcome to Venice*, tra copie, ricostruzioni, cittadine o quartieri che ne prendono il nome, o che a essa si ispirano. In fondo un omaggio, un segno di ammirazione planetaria. Inevitabile dunque in questa duplice vocazione locale e globale, che le grandi navi in transito nel canale della Giudecca mobilitassero comitati di cittadini e l'opinione pubblica italiana e allo stesso tempo suscitassero un'enorme reazione a livello internazionale. Impossibile elencare tutti gli appelli di esponenti della cultura e dello spettacolo provenienti da ogni parte del mondo, da Tilda Swinton a Francis Ford Coppola. Qualche anno fa Mick Jagger mi prese da parte alla mostra del Cinema al Lido per dirmi il suo "Stop the great ships!"

Celentano nel suo cartoon *Adrian* inserì una scena catastrofica: una nave da crociera che distrugge la facciata del Palazzo Ducale.

Nel maggio 2019 apparve un video su Instagram e YouTube, un uomo in impermeabile blu, il volto celato da sciarpa e cappello, allestisce una bancarella di quadri sotto i portici del Palazzo Ducale. Monta su dei cavalletti nove dipinti a olio, ornati da cornici dorate, che insieme compongono un'immagine forte: un'enorme nave da crociera che irrompe tra gondole e persone, quasi a invadere una veduta in stile Canaletto. Un cartello scritto a mano recita il titolo dell'opera, intitolata *Venice in Oil* con un evidente doppio significato. Arrivano i vigili urbani e l'ambulante, sprovvisto di autorizzazioni, è costretto ad andarsene. Si trattava di Banksy.

Oltre all'indignazione e alle prese di posizione si materializzò anche il monito dell'Unesco, che minacciò di inserire la città nella lista dei siti a rischio, una decisione che se fosse stata assunta avrebbe rappresentato uno smacco clamoroso, un colossale danno per la reputazione del nostro paese.

Consapevole dell'importanza della problematica, quando sono tornato al ministero con il governo Conte ho assunto pubblicamente l'impegno solenne che entro il mandato l'avremmo risolta e abbiamo iniziato a lavorarci. Un risultato completato nell'esecutivo successivo, grazie alla disponibilità e all'attenzione del presidente del consiglio Draghi, e del collega Giovannini alle infrastrutture. A marzo 2021, a poco più di un mese dalla nascita dell'esecutivo, abbiamo approvato in consiglio dei ministri un decreto che stabiliva che l'approdo definitivo delle grandi navi dovrà essere progettato e realizzato fuori dalla laguna, prevedendo un concorso di idee internazionale per immaginare le migliori soluzioni tecniche. Infine il 13 luglio il governo ha voluto imprimere una forte accelerazione alla decisione precedente, imponendo il divieto di passaggio già dal 1° agosto e disponendo che le vie urbane d'acqua Bacino di San Marco, Canale di San Marco e Canale della Giudecca diventassero monumenti nazionali. Un provvedimento che non esiterei a definire storico per tutti coloro che amano Venezia, e che è stato fondamentale, a poche ore dalla quarantaquattresima sessione allargata del Comitato del patrimonio mondiale Unesco, per scongiurare il rischio di finire nella *black list*.

Ma è evidente che la vicenda grandi navi è l'emblema di un tema più grande, quello del futuro di Venezia, che con la sua struggente bellezza e allo stesso tempo estrema vulnerabilità, ci sfida e ci interroga. Le problematiche e le criticità che affliggono tutte le città d'arte si mescolano, risultandone amplificate, alle condizioni peculiari di un territorio unico e irripetibile, segnato da un contesto così prezioso e fragile.

L'impegno di preservare questo scrigno di arte, cultura e paesaggio, città viva, palpitante e insieme luogo simbolo nell'immaginario internazionale, deve costituire un laboratorio di nuove idee e buone pratiche. Questioni come il sovraffollamento dovuto al turismo di massa, lo spopolamento del centro storico, i fenomeni ambientali e climatici connessi al problema del controllo dell'acqua alta e delle maree, esigono una strategia unitaria.

La sfida di governare e indirizzare i grandi flussi turistici per decongestionare i centri storici delle città d'arte, luoghi da proteggere, che devono essere tenuti vivi e autentici può sembrare apparentemente congelata dal diffondersi del coronavirus, che ha rallentato il turismo internazionale. In realtà il tema della sostenibilità, dei numeri e delle politiche è rimasto centrale sia in un'ottica nuova, legata alla domanda di sicurezza e salute che rifugge gli affollamenti, sia in una visione di prospettiva.

## La Hollywood europea

Vicino all'affollata fontana di Trevi, a Roma, c'è una piccola stradina silenziosa, via del Mortaro. Una targa d'ottone ricorda che proprio lì, lo studio fotografico Le Liuere ospitò la prima proiezione in Italia dei fratelli Lumière. Era il 1896. Possiamo solo immaginare il senso di scoperta, la curiosità, lo stupore del pubblico di fronte a quelle immagini tremolanti di un treno in piena corsa. Una storia, quella del cinema nel nostro paese, che si rivelerà di straordinaria vitalità, spesso influenzando, quando non anticipando, le dinamiche e le tendenze internazionali. Nel cinema si intrecciano indissolubilmente arte, artigianato e industria, passione intellettuale, fantasia e sapienza tecnica. Non è dunque solo un pezzo significativo del nostro immaginario ma anche un settore dalle grandi potenzialità di sviluppo economico-occupazionale, che può tornare a essere sempre più un formidabile veicolo del Made in Italy e un potente attrattore di investimenti esteri, e che esercita, e può esercitare ancora di più, importanti ricadute anche sui flussi turistici.

Confesso che anche io ho provato l'ebbrezza del set, come comparsa, ovviamente. Avrò avuto quindici anni, e si trattava di *Amore amaro* di Florestano Vancini, il grande regista ferrarese, con quel suo stile insieme politico e intimista, era profondamente legato alla sua città, spesso musa e set delle storie che sceglieva di raccontare. Il film era ambientato negli anni trenta, e girammo quell'unica scena nella stazione di Rovigo, rimasta più fedele all'architettura dell'epoca. Eravamo un gruppo di ragazzi vestiti da militari, su un vagone merci, e Vancini ci istigò: dovevamo comportarci come se fossimo stati mesi e mesi senza vedere una donna, regola d'ingaggio non così difficile per degli adolescenti, anche senza conoscere il metodo Stanislavskij. Dopodiché passò la protagonista, l'affascinante Lisa Gastoni, e si scatenò il pandemonio. Ero ministro della cultura da poco quando in un convegno incontrai Vancini e la mia confessione di essere stato una sua comparsa lo divertì moltissimo.

Nel 2016 riuscimmo ad approvare la cosiddetta "Legge cinema", una riforma organica, attesa da tempo da tutto il settore, che metteva mano a un'operazione di riordino e adottava misure più incisive di sostegno e rilancio. Una nuova legge di sistema che ha aumentato e stabilizzato le risorse, introdotto forti incentivi per i giovani autori e per chi investe in nuove sale e a salvaguardia dei cinema storici e allargato il perimetro di quello che è oggi il mondo dell'audiovisivo, estendendolo ad esempio anche ai videogiochi. Ricordo un pranzo a Palazzo Chigi con il presidente del consiglio Matteo Renzi, e quattro premi Oscar, Bernardo Bertolucci, Giuseppe Tornatore, Roberto Benigni e Paolo Sorrentino, radunati da Salvo Nastasi, al tempo vicesegretario generale a Palazzo Chigi. Fu un momento decisivo per evidenziare l'importanza del tema. Al termine Matteo Renzi chiamò il ministro dell'economia e delle finanze Padoan per dirgli che bisognava trovare le risorse.

Si è aperta una stagione di grande investimento: prima il settore era nel calderone del FUS, il fondo unico per lo spettacolo, quello che finanzia il teatro, la musica e la danza. Per avere un termine di paragone, nel 2014, il volume delle risorse complessive destinate al cinema era circa 230 milioni. Dopo la riforma ha potuto contare su un proprio fondo, peraltro cresciuto costantemente negli anni successivi, dai 400 milioni di euro iniziali ai 750 milioni del 2022. Complessivamente, quindi, le risorse statali destinate a questi settori sono aumentate considerevolmente negli ultimi anni, con un incremento vicino al 100 per cento. La quota maggiore delle risorse è concentrata sui crediti di imposta, il tax credit, che è rivolto all'intero processo: produzione, distribuzione, esercizio, attrazione di investimenti dall'estero, investitori. L'effetto è stato significativo, sia per i nostri connazionali che per le grandi major internazionali che sono tornate a girare nel nostro paese, non solo perché offriamo location di impareggiabile bellezza ma anche per l'ottimo incentivo fiscale. A disposizione di produttori e registi abbiamo realizzato anche il portale *Italy for movie*, un ampio database geolocalizzato, realizzato in collaborazione con le Film Commission delle diverse regioni, dove è possibile consultare le location e conoscere tutte le agevolazioni previste e le possibilità di finanziamento a livello regionale, nazionale e internazionale.

Tornando alla legge cinema, contiene anche l'abolizione della censura, alla quale abbiamo dato piena attuazione nel 2021. Si trattava di un retaggio anacronistico, che consentiva allo stato di intervenire sulla libertà degli artisti. Ora è previsto un sistema di classificazione più flessibile in linea con quanto avviene negli altri paesi europei, senza il divieto assoluto di uscita in sala né di uscita condizionata a tagli o modifiche. Unica eccezione naturalmente i minori: in quel caso permane la possibilità di vietare a chi ha meno di 18, o di 14, o di 6 anni, seppur con dei distinguo in caso di presenza dei genitori. Ma la legge prevede anche risorse per l'educazione nelle scuole, per far scoccare la scintilla dell'amore per il cinema nelle nuove generazioni e l'impegno per riattivare le sale chiuse e aprirne di nuove.

Perché non può esserci un futuro del cinema senza i cinema. Anche se la pandemia ha accentuato inevitabilmente la tendenza già in corso alla fruizione privata, assistere a un film sul divano, davanti a un PC o a un tablet non regalerà mai la stessa emozione, la stessa intensità, la stessa magia che proverà chi esce di casa per condividere con gli altri l'esperienza nel buio di una sala. Un tempo si contrapponeva la qualità del grande schermo a quella del piccolo, ma ormai con la tecnologia sempre più sofisticata non è più questo il tema. Il vero dualismo è tra esperienza individuale ed esperienza collettiva, una dinamica sulla quale potenzialmente non c'è contrapposizione ma complementarità. Al di là dell'attuale situazione sanitaria, che ha disabituato lo spettatore, la stessa persona può desiderare di stare in pigiama a guardare un film su un monitor ultrapiatto ad alta definizione, o seguire la propria serie preferita in treno con cuffiette e smartphone e, in un altro momento, voler andare al cinema per vivere una sensazione che unisce, che si basa su una relazione con gli altri. In sala partecipiamo a un evento insieme al prossimo, non solo quando si va con gli amici e poi all'uscita si rimane a scambiare impressioni e commenti, perfino se ci si è andati da soli si aderisce a un rito sociale, perché si percepiscono le reazioni, i sospiri, le risate di chi ci circonda. Ci si sente parte di qualcosa. È in fondo lo spirito che anima i ragazzi del Cinema America a Roma che con le tante iniziative, i progetti, le piazze, le arene, creano spazi di comunità e aggregazione, dove ritrovarsi accomunati da una passione.

Se le due modalità di fruizione rispondono a bisogni diversi, la scommessa deve essere quella di passare da una logica di competizione a una di integrazione, e lavorare, so bene che oggi può sembrare visionario, a un'alleanza fra i giganti dello streaming e le sale. Bisogna osare, ripensare i modelli.

Oggi sono previste delle finestre temporali da rispettare, affinché un film, dopo un determinato periodo in sala, possa circolare negli altri canali. Credo andrebbe tentato anche un esperimento di rovesciamento: trasmettere il film prima una sola volta sulle piattaforme, e poi nelle sale. Pensate se Netflix avesse reso disponibile nel proprio catalogo online *È stata la mano di Dio* di Paolo Sorrentino per una sola serata, dopodiché l'unica possibilità di vederlo fosse stata andare al cinema.

Così come ragionerei sulla possibilità di programmare le serie nelle sale, perché hanno un'intrinseca vocazione alla fruizione collettiva, basti pensare all'enorme fenomeno dei gruppi e delle community di appassionati, i *fandom*.

Salvare le sale non è solo un tema economico. I cinema, come le librerie, fanno parte di una categoria che non è ascrivibile semplicemente a quella delle attività commerciali: rappresentano dei presidi culturali, dei luoghi di socialità e aggregazione nella vita delle comunità.

In questa direzione andava l'iniziativa promossa nel 2016 di "Cinema2days", in collaborazione con produttori, distributori ed esercenti. Si dava la possibilità una volta al mese di vivere l'imperdibile esperienza dei film in sala a soli due euro, per tutti e in tutta Italia.

Negli incontri con le categorie emersero, accanto all'entusiasmo, anche legittimi dubbi e perplessità. Alla fine però – ora possiamo dirlo – i risultati furono straordinari: una media di quasi un milione di spettatori, le file fuori dai cinema, il tam tam sui social. Da un sondaggio risultò che il 29 per cento degli spettatori del mercoledì a due euro non erano mai entrati prima in un cinema!

Difendere le sale non vuol dire perdere di vista l'orizzonte e contrastare in maniera velleitaria le trasformazioni dirompenti del mercato dei contenuti a livello globale. Viviamo un tempo di grandi mutamenti tecnologici e sociali, la rivoluzione digitale ha cambiato profondamente il paesaggio della comunicazione e il modo di produrla e di fruirne. Una stagione di crescita enorme con l'avvento dello *streaming*, e la nascita di nuovi *devices* e piattaforme, dove oltre alle incognite si aprono numerose opportunità. Una volta i grandi progetti nascevano in America e si sviluppavano in tutto il mondo, adesso il mercato delle produzioni è diventato circolare. Si tratta di una sfida da cogliere, alla quale possiamo rispondere, per non sprecarla, in un solo modo: proporre contenuti di qualità elevata, di confezione impeccabile, di genio creativo. I film, le serie tv, l'animazione, i documentari possono alimentarsi e alimentare il nostro *soft power*. Le energie – autoriali e imprenditoriali – che sono nel DNA dell'Italia possono fare la differenza.

In questo senso credo che un primo segnale importante, per liberare queste energie, per sostenerle e supportarle, al netto di qualche legittima polemica, sia stata la nostra decisione di introdurre obblighi più stringenti, di maggiore programmazione e investimento, per le televisioni, i canali on demand e le piattaforme, a favore dell'audiovisivo europeo e italiano. Ma la grande scommessa è il rilancio di Cinecittà.

Dopo la privatizzazione negli anni novanta, questa blasonata istituzione ricca di storia, nata nel 1935, è tornata in mano pubblica ed è ora al centro di un progetto di ampio respiro. La nascita di un vero e proprio polo internazionale della creatività audiovisiva: gli studios, i teatri di posa, le infrastrutture, i servizi per le produzioni, la realtà aumentata. Gli storici studi della Tuscolana, attraverso investimenti significativi per l'espansione e l'ammodernamento – ai 35 milioni già assegnati nel 2020 si sommano le risorse del PNRR, pari a 300 milioni di euro – diverranno un centro di produzione all'avanguardia che ambisce a essere leader in Europa, all'insegna della tecnologia e della sostenibilità. Allo stesso tempo scommettendo sulla formazione, il Centro sperimentale di cinematografia verrà potenziato, sempre più campus e insieme bottega dei mestieri.

Sono convinto che il rinnovato protagonismo nell'audiovisivo potrà rappresentare uno dei fattori trainanti per la ripartenza economica del paese. Abbiamo tutte le carte in regola, a cominciare da uno straordinario patrimonio di professionalità. Ogni opera, insieme all'impegno di attori, registi e produttori, ci racconta il lavoro altrettanto fondamentale di sceneggiatori, fonici, doppiatori, musicisti, scenografi, costumisti e molti altri. Dalla fotografia al montaggio, dagli allestimenti alle acconciature, è sempre il frutto della passione e dedizione di tanti, spesso con punte di eccellenza riconosciute anche dai premi Oscar. In un'epoca di grandi cambiamenti, il cinema italiano continuerà a reinventarsi, a innovare nelle tecniche e nei linguaggi, a far ridere, piangere e sognare milioni di persone, a portare il nome e l'immagine dell'Italia in tutto il mondo.

## Le cattedrali della memoria

Spesso nell'immaginario collettivo gli archivi vengono ingiustamente percepiti come depositi burocratici polverosi e inanimati, in realtà si tratta di luoghi in grado di insegnarci molto sul passato e dunque sul nostro futuro, autentiche cattedrali della memoria. Potremmo dire, paradossalmente, che brulicano di vita: in ogni documento si intrecciano gli affanni della quotidianità e il respiro della Storia con la S maiuscola. Certificati, carteggi, cambiali, attestati, registri, fotografie interpellano l'identità personale e collettiva, ci restituiscono le vicende di generazioni, le biografie, i commerci, i legami familiari, il costume, la società, la politica. Rappresentano una fonte preziosa e uno strumento di ricerca, non solo un giacimento di aneddoti e di storie ma anche di informazioni tecniche e scientifiche: ad esempio, le testimonianze sulle condizioni meteorologiche attraverso i secoli ci aiutano a comprendere oggi il mutamento climatico, o le notizie sui terremoti e le eruzioni del passato possono contribuire alla valutazione della pericolosità sismica o vulcanica di un territorio.

Lontano dai riflettori, l'archivista svolge una funzione preziosa e non sufficientemente conosciuta. Si tratta di specialisti che devono possedere un mosaico trasversale di competenze, per essere in grado di proteggere, catalogare e orientarsi in labirinti di dati e, contestualmente, lavorare per consentirvi un accesso il più ampio e diffuso possibile, oltre il perimetro degli addetti ai lavori, per favorirne la dimensione di risorsa sociale e culturale.

Si tratta di una professione in costante evoluzione: se in passato gli archivisti erano identificati come i custodi dei segreti del potere, quando gli archivi secondo la definizione di Robert-Henri Bautier erano gli "arsenali dell'autorità" al servizio di re e principi e delle loro mire assolutiste, oggi interpretano un ruolo altamente democratico di mediatori e promotori di conoscenza, per la crescita del cittadino e la tutela dei suoi diritti.

Una figura, quella dell'archivista, che rimarrà indispensabile se saprà raccogliere la sfida della rivoluzione digitale, sia per la conservazione e la valorizzazione degli archivi antichi e recenti, sia per l'organizzazione e il funzionamento di quelli correnti, strumenti di efficienza amministrativa e trasparenza civica.

Ricordo il mio approccio con questo universo così affascinante. Stavo preparando la tesi di laurea in giurisprudenza, con la cattedra di Storia delle dottrine e delle istituzioni politiche. Il titolo era *Il Partito Popolare a Ferrara. Cattolici, socialisti e fascisti nella terra di Grosoli e don Minzoni.* Trascorsi intere settimane all'Archivio di stato di Ferrara, compulsando materiale. Mi ritrovai fra le mani una vecchia cartellina color crema, con su scritto a macchina "Italo Balbo su don Minzoni". Sobbalzai dall'emozione. Don Minzoni, parroco di Argenta, coraggioso uomo di fede e di attenzione agli ultimi, si era sempre opposto alle violenze e all'odio del fascismo, pagando con la vita il prezzo delle proprie idee. Ucciso a bastonate da una squadraccia nel 1923, la sua morte fin da subito chiamò in causa le responsabilità morali di Balbo, all'epoca indiscusso ras delle camicie nere nel territorio. Aprii il fascicolo con mano tremante. Era vuoto. Forse durante il Ventennio una mano zelante aveva provveduto.

Il mondo dell'archivistica è piuttosto vasto e variegato: archivi di impresa, archivi personali o familiari, archivi di istituzioni laiche o ecclesiastiche. Il ministero della cultura esprime due fondamentali articolazioni sui territori: le soprintendenze archivistiche e bibliografiche, presidi che si occupano della tutela di tutti i beni archivistici e librari, inclusi quelli non statali e quelli privati dichiarati di interesse storico, e gli Archivi di stato, presenti in ogni capoluogo di provincia, spesso in edifici di straordinaria bellezza architettonica, che raccolgono il materiale di tutte le amministrazioni centrali e periferiche fin dall'esistenza degli stati preunitari. Un patrimonio documentale enorme, che si dipana dai verbali di polizia, ai fascicoli dei provveditorati scolastici.

In un documento di qualche anno fa l'archivio nazionale degli Stati Uniti definiva se stesso e il senso della propria missione così: "Una istituzione di pubblica fiducia da cui dipende la nostra democrazia. Permette alla gente di ispezionare la documentazione di ciò che il governo ha fatto. Mette i funzionari e le istituzioni in grado di rivedere le proprie azioni e aiuta i cittadini ad assegnare le responsabilità a coloro a cui esse appartengono."

La valenza democratica degli Archivi di stato è fondamentale, basti pensare, ad esempio, a quanto possa essere utile per conoscere gli errori e gli orrori del regime fascista, e fare luce su soprusi e violenze, consultare il materiale risalente al complesso sistema repressivo del Ventennio.

Sulle pagine più drammatiche e cariche di ombre della storia repubblicana, quelle degli anni di piombo e delle stragi, gli archivi possono dare un contributo decisivo, proseguendo sul cammino di desecretazione, per rendere accessibili i documenti dei servizi di intelligence e in generale la documentazione coperta dal segreto di stato, e arrivare a una maggiore conoscenza dei fatti e all'accertamento delle responsabilità di autori e mandanti. Il paese ha superato la stagione del terrorismo e dell'eversione, ma i valori democratici vanno continuamente difesi e ravvivati, e finché non si farà piena luce su omissioni e depistaggi di allora, come ha detto il presidente Mattarella, permarranno delle ferite aperte, non soltanto per le famiglie delle vittime, ma per la

Repubblica intera. Un lavoro preziosissimo, su questo fronte, è condotto dal Centro documentazione archivio Flamigni, anima della "Rete degli archivi per non dimenticare".

Abbiamo previsto delle risorse per salvaguardare gli archivi dei partiti che hanno segnato la storia del paese. Si rischiava di disperdere per sempre tracce significative di un mondo scomparso, quello finito con la prima Repubblica, con le contraddizioni, i riti, e le grandezze che la segnarono. La stagione delle grandi narrazioni collettive, del mondo diviso in blocchi, della politica come passione totalizzante, delle sezioni di partito, delle feste, dei congressi, dell'impegno di migliaia di militanti, uomini e donne. Il venir meno di quelle forze, della loro articolazione organizzativa, della loro presenza capillare sui territori con sedi e funzionari, ha privato gli studiosi di riferimenti utili per la ricerca. Chissà quante sezioni, chiudendo, hanno buttato via verbali, appunti, locandine. Quel che si è preservato, a parte il lavoro meritorio di alcuni centri studi, è stato grazie alla volontà di singoli dirigenti politici, che hanno tratto in salvo carte, utili per gli storici. La possibilità di disporre di archivi ordinati, organizzati e fruibili concorre dunque al migliore funzionamento della società.

Un fronte sul quale l'avvento della rivoluzione tecnologica sta avendo un impatto ambivalente, carico di incognite e opportunità. Penso alla nostra vita quotidiana: ci affidiamo sempre di più alla memoria digitale, apparentemente eterna, non fragile ed effimera come quella cartacea, eppure spesso traditrice. Archiviando foto o appunti sullo smartphone, o nel PC, in un hard disk, pensiamo di averli messi al sicuro.

Eppure difficilmente posso ritrovare una mail del 2013, mentre in una scatola sgualcita ancora conservo lettere di quando andavo al liceo. Chissà che fine hanno fatto le foto conservate in un vecchio e ormai inservibile floppy disk degli anni novanta, mentre ancora, seppur un po' sbiadite, ho quelle stampate da mio padre. Un tema, quello di custodire le nostre memorie digitali, le nostre memorie personali e "casalinghe" che deve essere oggetto di riflessione, e sorprende non sia stata trovata una soluzione tecnologica, un'applicazione più trasversale e duttile di un cloud.

Allo stesso tempo la rete ci fornisce straordinarie possibilità per inventariare, riordinare, indicizzare e rendere accessibili quantità ingenti di dati come mai nella storia dell'umanità. In questo scenario che sta ridisegnando le dinamiche sociali e relazionali e le modalità di trasmissione del sapere, uno dei fattori chiave nello sviluppo economico è rappresentato dai dati. È un mondo, quello della raccolta e digitalizzazione di testi e immagini, dove si muovono grandi potentati economici: nel 2016 ad esempio, nell'indifferenza generale, Bill Gates ha venduto le vaste collezioni della sua società Corbis alla multinazionale cinese Visual China Group, la quale contestualmente ha sottoscritto un accordo di distribuzione in esclusiva con un altro colosso come la Getty

Images, che ora gestisce più di duecentocinquanta milioni di fotografie e centomila ore di video digitalizzati, un pezzo importante della cultura visiva occidentale. Molti giganti del web nel recente passato hanno negoziato con singoli istituti culturali del ministero la digitalizzazione del materiale e la cessione dei propri contenuti, con dei rapporti di forza inevitabilmente sbilanciati. Un museo o una biblioteca presi singolarmente non hanno la massa critica per confrontarsi senza subalternità con player mondiali che dispongono di ingenti risorse, e proprio per mitigare questa asimmetria ed evitare che ci si muovesse in ordine sparso e in maniera scoordinata, è nato il progetto della Digital Library. L'obiettivo è quello di realizzare una grande piattaforma dei contenuti digitali del nostro patrimonio, all'altezza del ruolo dell'Italia di superpotenza culturale. Abbiamo l'ambizione di provarci: l'immensa costellazione di immagini conservate nei centouno archivi di stato, nelle quarantasei biblioteche statali e negli archivi fotografici delle soprintendenze, può e deve essere digitalizzata in un disegno unitario. La scommessa, alla quale concorrono anche significative risorse del PNRR, è quella di governare, coordinare e far dialogare tra loro i diversi percorsi di digitalizzazione, in parte già avviati negli scorsi anni, che nel prossimo futuro saranno sempre più centrali in tutte le politiche di tutela, valorizzazione e fruizione delle nostre immense ricchezze culturali. Costruire una grande arca digitale, in grado di rendere il patrimonio fruibile su scala locale e nazionale, e allo stesso tempo, partecipe della costruzione di uno spazio dei dati della cultura europeo.

La memoria, però, non è solo quella dei governi, e delle istituzioni e delle pubbliche amministrazioni: esiste un piccolo paese in Italia che si è dato come missione quella di raccogliere le memorie delle persone comuni. Pieve Santo Stefano è un luogo magico, il cui archivio-museo ha strappato ai cassetti della dimenticanza oltre novemila storie di vita sotto forma di diari, epistolari, autobiografie. Saverio Tutino, giornalista e scrittore, che ne fu il geniale e ostinato ideatore, intuì la forza e la bellezza di quei ricordi, storie di singoli e personali che diventano collettive e universali. Come ha scritto Mario Perrotta, nel *Il Paese dei diari*, Tutino aveva compreso che "ognuno è talmente unico che è sostanza sufficiente a riempire e valicare qualsiasi forma ideale" e che questo scrigno di scritti, di vicende umili e insieme straordinarie, classificate in ordine alfabetico, intreccia storie e storia. Non si tratta di persone famose, ma di operai, contadini, soldati, casalinghe. Ogni vicenda è irripetibile e merita di non essere dispersa, ci consegna emozioni, dolori, speranze e ci restituisce in filigrana le grandi trasformazioni del paese, i cambiamenti della società. Sfogliando quelle scritture minute, ritroviamo le vicissitudini familiari, i tormenti e i sogni, il Risorgimento, e le guerre mondiali, il Sessantotto. Clelia Marchi, che si è raccontata in centottantaquattro righe fitte fitte, su un lenzuolo del suo corredo, dal lavoro nei campi al grande amore per il suo Anteo. Il cantoniere Vincenzo Rabito che, autodidatta, a sessantanove anni si cimenta con la macchina per scrivere in una lingua impastata di oralità, ripercorre il proprio itinerario dall'infanzia alla vecchiaia, disegnando uno straordinario affresco della Sicilia nel secolo breve, pubblicato poi da Einaudi. Antonio Cocco, che scappa da scuola e finisce arruolato nella Legione straniera, e spedito in prima linea nella guerra d'Indocina. E migliaia di altre storie, voci, vite. Sono orgoglioso di aver finanziato con oltre 4 milioni di euro la riqualificazione del complesso delle Monache, che ospiterà la nuova sede di questo gioiello.

In realtà era figlia di questa filosofia anche la mia proposta di realizzare la Biblioteca nazionale dell'inedito, un contesto dove raccogliere e conservare per sempre romanzi e racconti di italiani mai pubblicati. Suscitò polemiche, ironie e rievocazioni borgesiane, soprattutto in rete. Comprendo la reazione pavloviana di chi ritiene che l'Italia sia un paese con più scrittori che lettori. E potrei rispondere ricorrendo all'aneddotica, con i numerosi rifiuti ricevuti da Gabriel García Márquez per *Cent'anni di solitudine*, da Tomasi di Lampedusa per *Il Gattopardo*, da J.K. Rowling per il suo primo *Harry Potter*, e da mille altri grandi scrittori. Mi limito a menzionare in aggiunta solo Antonio Pennacchi, che amava raccontare i cinquantacinque rifiuti da trentatré editori diversi per *Mammut*, il suo primo romanzo. I numeri non combaciano, perché dopo aver ricevuto una lettera di rifiuto

Pennacchi non si dava per vinto e rimandava il manoscritto con un titolo diverso. Ma non è questo il senso, io credo che la digitalizzazione ci consenta di salvare dalla sentenza inappellabile dell'oblio non solo qualche, pur possibile, ignoto capolavoro, quanto piuttosto un universo di fatica, di creatività, di ricordi, di stili, di personaggi, di narrazioni che altrimenti evaporerebbero per sempre.

## L'Italia dei palcoscenici

Lo spettacolo dal vivo, nel lessico ministeriale, è una definizione-contenitore piuttosto ampia, un arcipelago variegato nelle sue diverse espressioni e attività. Il teatro, la musica, la danza, il circo, un mondo esteso di talenti e professionalità che si dipana dalla lirica agli acrobati. Si tratta di una rete di mille storie e volti, che raccontano l'Italia nella sua meravigliosa diversità, dove ogni città, ogni provincia, ha la sua tradizione, le sue vocazioni e le sue eccellenze. Un settore che viene finanziato in larga parte dallo stato tramite il FUS, Fondo unico per lo spettacolo, come è giusto che sia: quello che rappresenta molto di più che un intrattenimento, uno svago per il tempo libero, quanto piuttosto un bene comune, prezioso per la crescita civile, intellettuale e sociale del paese non può e non deve essere abbandonato alle esclusive logiche del mercato. Questo non significa che non abbia anche effetti positivi su economia e sviluppo.

Il FUS è nato nel 1985, quando la materia non era ancora stata trasferita al ministero dei beni culturali, ma si trovava presso la presidenza del consiglio dei ministri e fino alla nostra riforma del 2016, copriva anche il cinema, che ora dispone di un proprio fondo. Negli anni abbiamo costantemente incrementato le risorse del FUS ma uno degli obiettivi è stato quello di aver scardinato alcune vecchie barriere. Non tanto un'anacronistica separazione tra cultura alta e bassa, tra elitario e popolare che nella realtà non è mai esistita, quanto piuttosto tra "classico" e "contemporaneo". Per una sorta di "cristallizzazione" storicizzata della platea dei destinatari, più che per precisa volontà, si erano tenuti fuori dal sostegno pubblico il pop, la musica d'autore, il jazz e i *live*, le tradizioni popolari. Penso alla musica di strada, spesso snobbata, che rappresenta una grande palestra di innovazione e formazione. Ho sempre ammirato chi è pronto a mettersi in gioco in una piazza o in un parco, fra la gente, senza rete. Bisogna essere aperti agli imprevisti e riuscire a far scattare una chimica, scalfire l'indifferenza e catturare l'attenzione di chi è in tutt'altre faccende affaccendato, trasformando in un pubblico quelli che sono solo dei passanti. Un'arte che, nei miei pensieri e ricordi, è legata indissolubilmente alla genesi del Buskers Festival. Correva l'anno 1987. Due ragazzi che suonavano chitarra e batteria davanti al duomo di Ferrara vennero multati e allontanati dai vigili urbani. Ero capogruppo di opposizione della DC in consiglio comunale e presentai un'interrogazione: più che sanzionarli, avremmo dovuto ringraziarli. Per noi giovani, reduci dai nostri primi sgangherati viaggi in giro per l'Europa, gli artisti di strada erano sinonimo di libertà, talento, spirito nomade e cosmopolita. L'episodio fu per Stefano Bottoni, fabbro e vulcanico artista, la scintilla che accese una di quelle idee in bilico tra sogno e follia: un festival internazionale per i *buskers* nella nostra città. Lo accompagnai dal sindaco, il comunista Roberto Soffritti. Ci ascoltò e, con nostra sorpresa, sposò il progetto. Era rientrato da una recente visita a New York, ed era rimasto colpito dalla folla che si radunava davanti a chi si esibiva a Washington Square Park. "Proviamo," sentenziò. Fu un successo straordinario, e da allora siamo alla trentaquattresima edizione, Stefano ne è ancora l'instancabile animatore, ed è diventato uno degli appuntamenti del settore più importanti del mondo.

L'altra Cenerentola era il jazz. Questo straordinario genere, nato all'alba del Novecento in America, aperto alla contaminazione e in continua evoluzione, divenuto da tempo un pezzo importante e vivace del nostro panorama musicale, per il ministero era quasi uno sconosciuto. Ammetto immediatamente di essere portatore di un pregiudizio positivo: si tratta di una mia antica passione fin da quando, nell'effervescente stagione delle radio libere, conducevo l'ora di jazz, portando i dischi di mio padre, a Radio Elle, nella contrada di Santa Maria in Vado.

Il 1° aprile 2014, a poco più di un mese dal mio ingresso al Collegio romano, un articolo di Marinella Venegoni su “La Stampa” colpì la mia attenzione: si trattava di un’intervista a Paolo Fresu, uno dei più grandi trombettisti del mondo, in cui il musicista lamentava la disattenzione delle istituzioni. Lo chiamai. Ci incontrammo a stretto giro con una delegazione del mondo del jazz nostrano, e fu l’inizio di un percorso. Da allora esiste un bando rivolto esclusivamente al jazz, e si sono aperte le porte del FUS. Il 13 febbraio si costituì la Federazione nazionale *Il jazz italiano* con l’intento di unire le sigle più rappresentative della galassia italiana, musicisti, festival, jazz club, etichette discografiche, scuole, agenzie di management, fotografi, studi di registrazione. Il 21 dello stesso mese firmammo insieme un protocollo d’intesa. La conoscenza della cultura jazzistica veniva finalmente riconosciuta come patrimonio comune e momento di crescita del pubblico e dei musicisti. Ho potuto contare sulla immediata disponibilità di Paolo, anche sull’idea di organizzare una grande iniziativa all’Aquila. Per me era un impegno morale. Non dimenticherò mai quello che ho provato la mattina del 7 aprile 2009, quando arrivai nel capoluogo abruzzese all’indomani del terremoto. Ero segretario del PD ma decisi di andare da privato cittadino, per rendermi tempestivamente conto con i miei occhi della situazione senza però essere di intralcio ai soccorsi. Custodisco il ricordo indelebile di quello che vidi: lo scenario desolante di polvere e macerie, la dignità e il dolore di chi aveva perduto sotto i crolli un familiare, la generosità di tanti volontari. Il timore che dalle viscere della terra potessero arrivare nuove scosse. Una sensazione di angoscia e turbamento che ho rivissuto molti anni dopo quando anche la mia città, Ferrara, è stata ferita dal terremoto. Far rivivere l'Aquila era ed è una sfida che riguarda l'intero paese. La ricostruzione non è solo quella imprescindibile di tipo materiale: sistemare le case, restaurare i suoi monumenti, ristrutturare i palazzi, proteggere i preziosi tesori architettonici coniugando la salvaguardia storico-artistica con le più moderne metodologie dell'ingegneria sismica e del consolidamento statico. In parallelo era necessario accompagnare la ricostruzione culturale e sociale, ecco perché era importante riempire di vita e di musica quelle piazze, e mantenere accesi i riflettori. *Il jazz italiano per L'Aquila* è stata una maratona senza precedenti, oltre seicento musicisti provenienti da tutta l'Italia e che hanno suonato, tutti a titolo gratuito, su venti palchi nell'arco di tutta la giornata. È stato il più importante evento jazzistico mai organizzato nel nostro paese. Arrivarono oltre sessantamila persone. Una partecipazione incredibile, e da allora è divenuto un appuntamento fisso.

Nella nuova legge sullo spettacolo dal vivo approvata dal parlamento nel 2017, oltre a importanti misure come l'estensione dell'Art Bonus a teatri, festival e centri di produzione, e la stabilizzazione del tax credit per la musica, inserimmo una norma a cui tengo molto: la Repubblica riconosce "il valore delle espressioni artistiche della canzone popolare d'autore". E a Genova, la città di De André, Tenco, Lauzi, Paoli, Bindi,

Fossati e molti altri, abbiamo finanziato la realizzazione della Casa dei cantautori, che sarà un polo espositivo, insieme luogo della memoria e di formazione. La canzone d'autore esplora quel territorio di confine in cui si incontrano e si mescolano musica e poesia. L'intreccio tra due alte forme espressive che insieme producono un genere nuovo. Quasi un ritorno alle origini, a ritroso nei millenni, in quell'antica Grecia in cui i grandi poeti erano allo stesso tempo musici. Le due arti hanno poi apparentemente intrapreso sentieri diversi, ma il legame è rimasto in profondità, come un fiume carsico, ed è più volte riaffiorato felicemente. La storia è disseminata di esempi, dai trovatori provenzali alla fine dell'XI secolo fino alla straordinaria esperienza dei Cantacronache di Torino che nel 1957 coinvolse mostri sacri della letteratura del calibro di Italo Calvino, Franco Fortini, Gianni Rodari e Umberto Eco. Credo sia ormai patrimonio comune la consapevolezza che esistono canzoni dal valore letterario e poetico in cui la qualità del testo è parte integrante, insieme alla musica, della loro forza espressiva. Parole e note in grado di suscitare emozioni, di affabulare e colpire, di esprimere l'intensità e le contraddizioni che albergano nell'animo di ciascuno di noi. Canzoni d'autore alle quali va riconosciuta, senza snobismi accademici, la dignità intellettuale e culturale che meritano. Opere d'arte, che hanno saputo esprimere lo spirito del tempo, e a volte lo hanno anticipato. La decisione dell'accademia di Svezia nel 2016 di assegnare il premio Nobel per la letteratura a Bob Dylan è paradigmatica, e per quanto abbia suscitato discussioni e confronto, indica una bussola: la poetica in musica è letteratura. Per questo ritengo sia giusto farla conoscere sempre di più alle nuove generazioni e introdurla nei programmi scolastici.

È importante trovare spazio a scuola per questa forma d'arte: per i nessi semantici, sintattici e linguistici, per le citazioni e i rimandi spesso nascosti nei testi, ma soprattutto perché è nutrimento dello spirito, perché si spinge nel profondo delle emozioni, perché aiuta a esprimere i sentimenti e a elaborare un pensiero critico. Credo inoltre, senza volermi sostituire a pedagoghi e insegnanti, che possa avere un potenziale straordinario: l'interesse e l'empatia che le canzoni d'autore possono suscitare nei ragazzi potrebbero alimentare una sensibilità artistica e una competenza linguistica necessari per affrontare con rinnovato interesse lo studio della letteratura "tradizionale". I cantautori per capire l'italiano e gli italiani: ascoltarli e "leggerli" è un'esperienza che ci restituisce in filigrana il racconto della nostra società, le passioni, i cambiamenti e le contraddizioni che hanno attraversato il paese, un frammento di quello che siamo stati e di quello che siamo.

Proprio per sottolineare il legame fra la canzone d'autore e la poesia, ho voluto coinvolgere alcune delle voci più amate del panorama musicale italiano, in un umile omaggio in occasione dei duecento anni dell'*Infinito* di Giacomo Leopardi.

Nel 2019 si celebrava l'anniversario di questi versi immortali, di una potenza e di una capacità evocativa inesauribili. Quel 1819 era stato un anno tormentato per Leopardi, un anno segnato da inquietudini: di quasi cecità, di tentativi di fuga, di scherni, di solitudine. Eppure, come scrive Pietro Citati, "malgrado la sventura che incombeva su di lui, nell'*Infinito* non c'è la minima traccia di dolore" ma una dolcezza, una soavità, un'armonia, un abbandono struggente che lo consacra come una delle vette più alte della letteratura italiana e mondiale. Ancora dopo due secoli ci fa pensare ed emozionare, ci ricorda di quel ragazzo di ventun anni, così fragile, così vulnerabile eppure così immensamente grande e geniale, così affamato di vita e di infinito. Chiamai la RAI e proposi l'idea: far recitare la poesia da ventidue grandi cantautori italiani che, anonimamente e gratuitamente, avrebbero prestato la loro voce. Dopodiché mi misi al telefono per convincerli uno a uno. Solo in due dissero di no, e spero si siano pentiti. Chi ha accettato invece, ed è stata la stragrande maggioranza, lo ha fatto di slancio, con entusiasmo, senza porre condizioni e senza richieste sull'ordine o la strofa da leggere. Del resto nell'*Infinito* è straordinaria ogni parola, ogni sillaba, ogni pausa. Lo spot, trasmesso sui canali della tv pubblica, è un piccolo gioiello, un viaggio sonoro e visivo in cui le voci degli artisti si uniscono all'animazione del manoscritto di Leopardi. Il fatto che i volti e i nomi restassero un mistero, ha scatenato nel pubblico quasi un gioco, una gara a indovinare nell'intonazione, nell'inflessione, un timbro conosciuto. Oggi i nomi si possono dire, nell'ordine esatto in cui hanno letto Leopardi: Laura Pausini, Zucchero, Giorgia, Ornella Vanoni, Gino Paoli, Claudio Baglioni, Ligabue, Paolo Conte, Renato Zero, Fiorella Mannoia, Gianna Nannini, Paola Turci, Antonello Venditti, Gianni Morandi, Patty Pravo, Lorenzo Jovanotti, Roberto Vecchioni, Ivano Fossati, Francesco Guccini, Francesco De Gregori, Adriano Celentano, Mina. Perenne gratitudine a loro per aver condiviso questo atto d'amore per la poesia.

Nel FUS la parte da leone la fa la lirica. Esiste da sempre una polemica, che ogni tanto riaffiora nel dibattito pubblico, verso un genere che prevede alti costi di allestimento, per il numero degli artisti coinvolti, per la complessità delle macchine di scena, per la qualità dei costumi e delle scenografie, che esigono un personale numeroso e altamente specializzato. Negli anni abbiamo rinnovato gli strumenti previsti dalla legge Bray, che avviava il risanamento delle fondazioni lirico-sinfoniche, per risollevarle dalla crisi profonda nella quale erano sprofondate negli anni novanta ed erano a un passo dal dissesto. Un percorso virtuoso tuttora in corso ma che, pur rallentato dalla pandemia, le ha accompagnate verso i conti in equilibrio. Bisogna procedere su questa strada ma dobbiamo tutti avere la consapevolezza che la gestione di queste complesse realtà non potrà mai essere coperta completamente dai proventi dei biglietti o dalle erogazioni dei mecenati. È sacrosanto che lo stato sostenga l'opera, uno dei simboli dell'Italia a livello planetario, espressione e veicolo della nostra lingua e della nostra cultura. Una connessione forte sin dalle origini, quando a fine Cinquecento il cenacolo di intellettuali della cosiddetta Camerata fiorentina si riuniva a casa del conte Bardi. Se vogliamo, ha incarnato l'italianità perfino nella sua dimensione di aspirazione politica se pensiamo che nel Risorgimento i patrioti scrivevano sui muri "VIVA V.E.R.D.I.", nella duplice accezione di elogiare il grande compositore e di evocare il re di un'Italia finalmente unita, e accalcavano i teatri riconoscendo i propri sogni e ideali di libertà e indipendenza nelle arie del *Nabucco*, dei *Lombardi alla prima crociata*, di *Attila* e di *Macbeth*.

In ogni continente la nostra lingua continua a risuonare accompagnata dalle note dei grandi compositori, dall'America alla Cina. Dal 2004 al 2020, tra le dieci opere più rappresentate al mondo, otto sono italiane, *La traviata* di Giuseppe Verdi la prima in assoluto, e ben sedici tra le prime venti. Dei primi cinque compositori operistici più rappresentati nel mondo, quattro sono italiani: ancora Verdi primo, al secondo posto Mozart, e poi nuovamente il genio italiano con Puccini, Rossini e Donizetti. Insomma anche in questo caso, che apparentemente può sembrare il più distante dal titolo di questo libro e dall'idea che la cultura esprima anche significative ricadute economiche, in realtà stiamo ragionando di uno straordinario strumento di *soft power*, con un effetto moltiplicatore sul Made in Italy non dissimile da quello del design, dell'arte, della gastronomia e della moda. Direttori d'orchestra, autori, cantanti, scenografi, musicisti, registi italiani sono fra i più apprezzati. Pensate alla Scala, una delle istituzioni culturali più prestigiose del mondo. Talmente alta è la sua reputazione e grande il suo fascino che quando viene trasmessa la sua prima nei cinema di tutto il mondo, in molti si presentano in abiti da sera e smoking.

Le categorie artistiche delle fondazioni lirico-sinfoniche sono tre, orchestra, coro e corpo di ballo. Negli ultimi anni, come ha giustamente denunciato Roberto Bolle, una leggenda vivente e fra i più grandi e amati esponenti di quest'arte del mondo, purtroppo le fondazioni, come abbiamo visto impegnate in un complesso cammino di risanamento, hanno troppo spesso sacrificato proprio quest'ultimo settore. Delle quattordici fondazioni, solo quattro hanno mantenuto i corpi di ballo stabili, la Scala, l'Opera di Roma, il Teatro San Carlo di Napoli e il Teatro Massimo di Palermo.

Si tratta di una tradizione che va difesa e valorizzata, per la quale il nostro paese è sempre stato una straordinaria fucina di talenti. I ragazzi e le ragazze che fin da bambini si sono esercitati in scuole dove si insegna la bellezza, l'armonia e la fatica di questa disciplina, oggi rischiano di dover andare all'estero, per assenza di sbocchi e prospettive nel nostro paese.

Per trovare le necessarie soluzioni che nascano dall'ascolto e dalla condivisione con i protagonisti di questo settore, abbiamo istituito un tavolo permanente per la danza, del quale fa parte anche lo stesso Roberto Bolle, e spero che si possa intraprendere un significativo cambiamento.

Nel FUS abbiamo previsto un contributo affinché in ogni città che ospita un conservatorio, ci sia anche un'orchestra stabile. Un modo per consentire un percorso professionale che sia lo sbocco naturale per i neodiplomati e, almeno all'inizio, non allontani i giovani talenti musicali dalla propria terra. È un tema cruciale, per accompagnare il passaggio dal mondo della formazione all'attività professionale, sul solco di iniziative meritorie come quella dell'orchestra Cherubini. Il maestro Riccardo Muti, uno dei più grandi direttori d'orchestra del mondo, con una bella prova d'amore per il suo paese e per le nuove generazioni, ha voluto fondare questa orchestra, che raccoglie strumentisti tutti sotto i trent'anni e provenienti da ogni parte di Italia, selezionati attraverso centinaia di audizioni.

Una delle arti più antiche, che da millenni ha sempre saputo reinventarsi, raccontando e insieme sfidando lo spirito del tempo, giocando tra tradizione e innovazione, è il teatro. Come ha scritto Peter Brook: "Il teatro esiste soltanto nel preciso momento in cui due mondi – quello degli attori e quello degli spettatori – si incontrano: una società in miniatura, un microcosmo che si ricostruisce ogni sera all'interno di uno spazio. Il ruolo del teatro è di trasmettere a questo microcosmo il gusto fuggevole e bruciante di un altro mondo, in cui quello della quotidianità si integra e si trasforma."

Per il futuro ritengo che vadano rafforzati sempre di più due percorsi, già intrapresi, ma sui quali è necessario investire ulteriormente: da un lato portare i teatri nei territori, nei borghi, nei paesi, nei quartieri periferici delle grandi città, in tutte le realtà solitamente marginali rispetto ai classici circuiti della produzione e dell'offerta culturale. Segnali importanti in questa direzione sono stati l'introduzione nel FUS di un indicatore per la valorizzazione delle attività realizzate nei piccoli comuni e borghi fino a cinquemila abitanti e, quest'anno, lo stanziamento di un finanziamento di 22,2 milioni di euro per realizzare performance, spettacoli e laboratori teatrali nelle aree periferiche delle quattordici città metropolitane d'Italia. Dall'altro incentivare sempre di più nuovi percorsi di ricerca, sostenere chi osa, chi sperimenta nuovi linguaggi e codici espressivi, chi esplora inedite possibilità drammaturgiche, registiche e interpretative.

Un'iniziativa interessante è stata "MigrArti", per utilizzare l'arte come strumento di dialogo e incontro tra culture, per superare paure, diffidenze e pregiudizi reciproci. Una occasione per conoscere le comunità straniere, ma anche per dare voce a una generazione che sarebbe un errore definire di immigrati, non essendosi mai mossa dal nostro paese, per il semplice fatto che qui è iniziata la sua avventura umana. Sono italiani, anche quando la legge non lo riconosce, che studiano e lavorano qui, parlano la nostra stessa lingua, spesso perfino con le cadenze dialettali, tifano per le nostre stesse squadre e insieme mantengono un legame culturale con i paesi di provenienza dei propri genitori, un punto di vista originale che può essere particolarmente fecondo nella musica, nel teatro, nel cinema.

Vorrei che l'Istituto centrale per il patrimonio immateriale, erede del demoetnoantropologico, si occupasse sempre di più di studiare le diverse culture e provenienze che si trovano nel paese. Ci sono comunità importanti, che vivono questa duplice dimensione: parte attiva del tessuto economico, sociale, culturale del nostro paese senza recidere le radici in Europa dell'Est, in Asia, in Africa, in Sudamerica. Che musica ascoltano e suonano gli ecuadoregni di Genova, che cinema guardano i nordafricani? Quali sono l'evoluzione e le dinamiche della comunità sikh, la seconda più grande d'Europa, o quella romena, la più diffusa in Italia? L'identità non è un totem immobile, è qualcosa di vivo, qualcosa da costruire ogni giorno, che i "nuovi italiani" arricchiscono con tradizioni e innovazioni, con religioni diverse, con saperi e sapori diversi.

Il mondo dello spettacolo dal vivo è stato fra quelli più duramente colpiti dalla pandemia. Il distanziamento sociale, le dolorose e inevitabili chiusure nelle fasi più acute dell'emergenza sanitaria hanno però confermato quanto sia preziosa, coinvolgente e insostituibile la partecipazione non virtuale alle esperienze culturali. Assistere a uno spettacolo in teatro, a un concerto in una sala suscita emozioni non surrogabili dallo streaming, pur utile a mantenere vivo il legame con il pubblico in questi anni di difficile traversata nel deserto. Questo non significa però ignorare le potenzialità della dimensione digitale, sempre più presente nella nostra vita, una tendenza in corso che la pandemia ha solo accelerato. Il web non va visto in una logica di competizione, quanto piuttosto di complementarità. L'idea di Itsart, una piattaforma italiana che consenta di offrire a tutto il mondo la cultura italiana a pagamento, è proprio questa, utilizzare le nuove tecnologie per raggiungere un pubblico più largo. Chi dal PC o sul televisore impara a conoscere la musica o il teatro, desidererà poi vivere l'esperienza dal vivo e ne rimarrà sedotto. Al netto di criticità e resistenze rappresenta una grande opportunità per quello straordinario insieme di talenti e professionalità che incarna la musica, la prosa, l'opera, la danza, e molte altre forme espressive e creative.

## Michelangelo era arte contemporanea

L'Italia ha ereditato dai secoli passati uno straordinario patrimonio culturale ma esserne orgogliosi e impegnati a proteggerlo non significa rinunciare all'ambizione di produrre nuova arte, di sperimentare e valorizzare i talenti e la creatività del nostro tempo. Quando Michelangelo ha scolpito la *Pietà* e Brunelleschi ha progettato la cupola del duomo di Firenze stavano facendo arte e architettura contemporanea. Rappresentavano delle avanguardie, in anticipo sui tempi.

La politica e il paese hanno avuto su questo tema un colpevole ritardo: la cultura è una realtà viva, dinamica, attraversata da energie e fermenti che meritano di essere sostenuti. Nuovi codici e nuove pratiche che animano il presente e frequentano il futuro. Un mondo così importante e plurale non trovava nel ministero un riconoscimento adeguato nemmeno nella struttura organizzativa, per questo è nata la Direzione creatività contemporanea, per occuparsi oltre che di arte e architettura contemporanee, di rigenerazione urbana e periferie, di industrie culturali e creative, di fotografia, design e moda. Serve una visione non a compartimenti stagni: viviamo una stagione nella quale le barriere fra questi campi sono fluide quando non completamente evaporate, all'insegna di rimandi e relazioni, in una continua contaminazione fra le arti visive e gli altri linguaggi.

L'arte contemporanea è un campo verso il quale spesso persiste una certa diffidenza, dipinta come ermetica, rivolta a una élite di iniziati. Celebre l'episodio parodistico di un film di Alberto Sordi degli anni settanta, quando due fruttivendoli romani, spinti dai figli colti e prossimi alla laurea, rinunciano alla classica gita balneare per delle vacanze "intelligenti". Quando visitano con un certo smarrimento la Biennale di Venezia, la moglie, la simpaticissima e verace Anna Longhi, si siede per una pausa, e viene scambiata per un'opera vivente. Ovviamente divertentissimo, ma si tratta di satira, gioca su cliché e stereotipi, strizza l'occhio a luoghi comuni e pregiudizi. Il tema di educare all'arte contemporanea invece esiste, e in questo è importante il ruolo della scuola ma che essa sia spiazzante, non pacificata, che sfidi la nostra interpretazione, il nostro orizzonte di senso, è quello che la rende viva e vivace. È dai tempi del *Quadrato nero* di Malevič e dell'orinatoio di Duchamp che ci si interroga su cosa sia arte. Vengono costantemente ridisegnati i confini, si esplorano sentieri inediti, cambiano i materiali, le forme, le poetiche. Le barriere sono riscritte, anzi saltate, attraversate da una continua contaminazione fra le arti visive e gli altri linguaggi; la fotografia, l'architettura, il cinema, il design, la moda.

Sono cambiati il ruolo dell'autore e il legame di interazione con il pubblico. La rottura di ogni schema e di ogni canone, la libertà espressiva senza precedenti, possono lasciarci spaesati, ma mai indifferenti. È una galassia effervescente, dove interagiscono artisti divi e outsider, collezionisti, mecenati, curatori, istituzioni e mercato. E che nel nostro paese è presidiata da realtà prestigiose come la Biennale di Venezia, la Triennale di Milano e il MAXXI di Roma, insieme a un arcipelago di altri musei e manifestazioni pubbliche e private. Nel 2017 è nato Italian Council, il programma di finanziamenti e promozione nazionale e internazionale dell'arte contemporanea italiana, che rappresenta il principale strumento pubblico italiano di supporto alla creatività contemporanea nell'ambito delle arti visive. La missione è duplice: da una parte dare un contributo diretto alla produzione creativa, dall'altra offrire la possibilità ad artisti, curatori e critici, oltre che alle istituzioni culturali attive nel contemporaneo, pubbliche e private, di creare reti internazionali per diffondere l'arte italiana e far conoscere i nostri talenti in uno scenario sempre più globale. Un altro progetto è il "Creative Living Lab", rivolto invece a sostenere quanto già avviene nei territori, dai grandi ai piccoli centri, da nord a sud.

Una grande sfida è quella delle periferie. Nel dopoguerra siamo riusciti a custodire e salvaguardare i centri storici mentre i quartieri periferici nell'immaginario collettivo sono sinonimo di degrado e marginalità. Renzo Piano ha utilizzato l'efficace immagine del "rammendo": trasformiamo queste realtà urbane così dense di umanità e di energia in un grande laboratorio per produrre arti e architettura contemporanea, imprese culturali e coesione sociale. La rigenerazione urbana passa dai processi partecipativi di sviluppo, innescando dinamiche virtuose, incoraggiando l'inventiva e la creatività che già pulsa in ogni borgata, e chiede solo di essere riconosciuta e sostenuta.

Abbiamo promosso bandi per realizzare attività nelle periferie delle aree metropolitane, con una duplice finalità: per arricchire l'offerta culturale per gli abitanti ma anche per capovolgere i flussi, invogliando le persone ad andare in periferia per fruire della cultura. Affinché da Prati ci si sposti a Centocelle per uno spettacolo, un concerto, un'iniziativa.

Spesso chi vive nelle periferie continua a far riferimento al centro urbano per la maggior parte delle esigenze non abitative. Non solo i bisogni culturali e sociali, sparite le botteghe, perfino gli acquisti si fanno altrove, in quei centri commerciali che l'antropologo Marc Augé ha definito "nonluoghi", anonimi, privi di storicità, e frequentati da gruppi di persone freneticamente in transito, che non si relazionano tra loro. Nei centri storici la vita si è creata intorno alle piazze, l'urbanizzazione era l'espressione di un'idea armoniosa di città, che poneva grande enfasi sulla funzione sociale degli spazi pubblici. Molte periferie invece, nel dopoguerra, sono nate sulla spinta delle diverse ondate di emergenze abitative, in alcuni casi incrociando anche fenomeni di speculazione e abusivismo, senza una pianificazione che prevedesse spazi pubblici. Aree immense che rischiano di soddisfare esclusivamente la funzione abitativa, disgiunta da ogni altra attività. Per far sì che non siano solo agglomerati dove la gente dorme, devono diventare luoghi con spazi aggregativi, dove ci si incontra, e si diventa comunità. Per riscoprire questa dimensione, un modo per supplire all'assenza di piazze, ad esempio, può essere la pedonalizzazione di una via o di uno slargo che abbiano le potenzialità per diventare luoghi di socialità, perché magari ospitano già attività o hanno gli spazi per farlo. In ogni quartiere andrebbe pedonalizzata una zona, per creargli un nucleo baricentrico, un senso di appartenenza, un'agorà viva. Come non pensare, quest'anno che si ricordano i cento anni dalla nascita, a Pier Paolo Pasolini, un intellettuale irriducibile a ogni classificazione e normalizzazione, un talento eclettico che si è espresso attraverso molteplici linguaggi, e che delle periferie è stato il "cantore"?

Allo stesso tempo però ritengo che non debba essere un tabù ragionare di innesti contemporanei anche all'interno dei centri storici. So bene che nel nostro paese l'inserimento di nuova architettura nel cuore storico-monumentale delle città suscita sempre levate di scudi. Eppure il fascino unico di questi contesti è determinato proprio dalla stratificazione nel corso dei secoli di stili e culture diverse, della costante dialettica tra continuità e innovazione. Prendiamo Roma, dove passeggiando per i vicoli, ci perdiamo in una meraviglia dove si sovrappongono e si integrano vestigia romane, e testimonianze del Rinascimento, del barocco, del periodo neoclassico.

Quando negli anni settanta a Parigi venne costruito il Beaubourg, il Centre Pompidou su progetto di Renzo Piano, Gianfranco Franchini e Richard Rogers, scatenò un vespaio di polemiche. Una "astronave" museale aperta a tutte le espressioni artistiche, multidisciplinare, al centro di Parigi, vicino alle Halles.

Quei cinque piani di tubi, bocchettoni, scale mobili, vetri e passerelle metalliche e quell'esplosione di colori vivacissimi: verde, blu, giallo, grigio, rosso.

Eppure il pubblico lo apprezzò fin dal primo anno della sua apertura, un successo enorme, e oggi è universalmente ritenuto uno dei simboli della Ville Lumière. Il gusto si evolve, cambia con la società, la percezione estetica si immedesima nel paesaggio. Pensiamo al Vittoriano, un tempo dileggiato come enorme "macchina da scrivere", oggi ormai storicizzato, accettato nello spettro visivo, perfino riabilitato. A Trastevere, un tempo zona popolare, perfino malfamata, ritenuta tutt'altro che attraente. Al Gazometro di Ostiense, nemmeno un edificio, piuttosto un impianto, ora consacrato dai registi, amatissimo simbolo di archeologia industriale, che si staglia nella *skyline*. Io ad esempio trovo che abbia un suo fascino il ponte Casilino, con la vista su quelle decine di binari che corrono diritti verso l'orizzonte, tagliando una foresta di palazzi e i muri di cemento coperti di disegni, scritte e colori.

Perché dunque non scommettere sull'introduzione di nuova architettura anche nel tessuto dei centri storici, ad esempio, laddove esistono dei vuoti urbani? Nella mia Ferrara, non distante dal duomo, c'è piazza Cortevecchia. È diventata una piazza, senza esserlo: un tempo ospitava il mercato del pesce, demolito negli anni sessanta. Uno spazio che si sarebbe potuto "riempire" con un innesto contemporaneo di qualità.

Un comparto che sta rivelando grande vitalità è quello delle imprese culturali e creative: un settore che continua a reinventarsi, presidiando in maniera innovativa i temi della conoscenza, della conservazione, della fruizione e della valorizzazione. Una filiera di eccellenza e allo stesso tempo un fattore strategico dal punto di vista economico, che genera occupazione più degli altri settori e può fare da traino, oltre che alimentare coesione sociale e legami comunitari. Nel PNRR sono previsti 115 milioni per accompagnarle nella transizione per ripensare le proprie attività in una logica sempre più *green* e *digital*.

Un modello interessante è quello portato avanti fin dal 2017 nel Lazio, grazie all'impegno della Regione e alla collaborazione tra ministero della cultura e ministero dell'istruzione. Si è scommesso con coraggio, investendo risorse ed energie, per la nascita del primo Distretto tecnologico per la cultura in Italia. Le istituzioni, le università, i centri di ricerca e le start-up, insieme per coniugare innovazione tecnologica, spettacolo dal vivo e beni culturali.

Nel 2020 il Lazio in questo settore ha generato circa 13,5 miliardi di euro di valore aggiunto, circa l'8 per cento dell'economia regionale, che portano il settore a essere un pilastro del nuovo modello economico e sociale.

Un altro filone tutto da esplorare è quello dell'arte digitale: le nuove tecnologie hanno indotto una rivoluzione, si fondono tecniche artistiche e informatiche, si sperimentano strumenti e linguaggi inediti, il web diventa una pinacoteca "smaterializzata". Social network, app, realtà aumentata, avatar, algoritmi, ridefiniscono tecniche e paradigmi.

Dai Non-Fungible Token all'intelligenza artificiale, si è aperto un grande dibattito critico sul valore e il significato dei contenuti comunemente definiti "opere d'arte digitali". È un settore magmatico con molteplici declinazioni e in costante evoluzione. Lo scorso anno ha fatto discutere la vendita di *Everydays: The first 5000 days* di Beeple, alias Mike Winkelmann, per 69,3 milioni di dollari in un'asta on-line promossa da Christie's. Era la prima volta che un'opera del tutto digitale, la cui autenticità e trasmissibilità è certificata da una sorta di garanzia tecnologica, veniva proposta dalla celebre casa d'asta. Una modalità che sembra capovolgere la nota riflessione di Walter Benjamin del 1936, nel saggio sull'*Opera d'arte nell'epoca della sua riproducibilità tecnica*.

Il filosofo tedesco sosteneva che la riproducibilità meccanica e massiva delle opere, resa possibile dalle nuove tecnologie, avrebbe comportato la perdita della loro unicità e di quell'alone sacro, l'aura, che le ha sempre avvolte. Un universo che apre nuove rotte, carico di domande, incognite e opportunità. Il Museo d'arte digitale di Milano sarà il primo esempio di museo di questo tipo nel mondo. Per una volta, abbiamo voluto anticipare tutti ed essere il primo paese a spingersi su questa nuova frontiera.

# Libriamoci

Sono cresciuto in una casa piena di libri, ogni stanza, ogni corridoio, ogni parete colma di scaffali, i volumi sfioravano il soffitto. Mio padre in una vita ne aveva raccolti e catalogati quasi ventimila, e per questo sbuffava scettico quando sentiva favoleggiare numeri inverosimili, sull'ordine di diverse decine di migliaia, di alcune collezioni private. Annusare l'odore della carta, il piacere romantico di sfogliare le pagine con le dita, il contatto fisico con un testo rilegato, in brossura, su carta gialliccia, granulosa al tatto, oppure levigato, stampato su carta patinata, mi accompagnano fin da piccolo. Quando viaggiavamo con la famiglia, in ogni città andavamo a visitare le librerie o le bancarelle di libri usati.

Leggere è certamente un modo per allargare gli orizzonti, per nutrire l'immaginazione e moltiplicare le nostre esperienze, ma è anche una competenza essenziale in una società *knowledge based*. Se nel tempo della globalizzazione è divenuto fondamentale per ogni paese investire su conoscenza, formazione e cultura, un tassello prezioso di questa strategia non può che essere rappresentato dalla promozione della lettura.

Ma leggere è anche un atto intimamente connesso con la qualità della democrazia. La lettura è un modo per informarsi, per acquisire la consapevolezza di essere cittadini che hanno legami comuni e interessi condivisi, per sviluppare ed esprimere un proprio punto di vista critico e compiere scelte autonome e responsabili. Chissà, forse racchiude un brandello di verità la battuta indimostrabile di Marino Sinibaldi: "Chi legge male, elegge male." Il ruolo dei libri e della lettura assume dunque un'assoluta centralità in chiave sia individuale che collettiva, può far bene all'anima e al tessuto sociale nel quale viviamo. Al Collegio romano, oggi sede del ministero e un tempo istituto della Compagnia di Gesù, in uno dei cortili interni, quello che ospitava il giardino dove venivano coltivate le piante officinali, i padri gesuiti vollero scolpire sul marmo una massima di Cicerone, tratta da una sua lettera a Varrone "SI HORTUM CUM BIBLIOTHECA HABES NIHIL DEERIT". "Se avrai un orto insieme con una biblioteca non ti mancherà nulla." È curioso come a Confucio, alta espressione di un'altra civiltà, venga attribuito un pensiero simile, l'invocazione al cielo affinché gli concedesse una casa piena di libri e un giardino pieno di fiori.

Due realtà, biblioteche e giardini, che sono spazi fisici e insieme metafisici, nutrono il corpo e lo spirito, dove si usano la testa e le mani. Sì, le mani: il libro stampato è un oggetto con il quale il lettore instaura un legame speciale, un rapporto basato anche sul tatto, sulla maneggevolezza e sull'afferrabilità. L'aspetto intellettuale e quello sensoriale intimamente connessi. Un grande e raffinato editore come Giulio Einaudi ammetteva nelle memorie: "All'inizio il mio interesse per il libro più che dalla lettura era determinato dal piacere del contatto fisico." Un piacere, un'esperienza materiale, quella con la pagina, difficilmente restituibile da uno schermo, nonostante con l'evoluzione tecnologica anche sui lettori ebook possiamo sfogliare con il tocco delle dita, inserire note e sottolineature.

Eppure un libro è un libro indipendentemente dal suo formato, che del resto è cambiato molte volte nel corso dei secoli. *L'epopea di Gilgamesh*, il primo poema della storia dell'umanità, venne inciso su tavolette d'argilla. I capolavori della letteratura latina furono scritti su fogli di papiro: le foglie della pianta, incollate fra loro, formavano un lungo rotolo avvolto su se stesso. Nel Medioevo si usava la pergamena, pelle di vitello o di pecora, conciata e lavorata fino a renderla liscia e sottile. E Gutenberg, quando inventò i caratteri mobili, stampava su carta ricavata dagli stracci.

Anche per questo durante la mia prima esperienza al ministero della cultura, abbiamo promosso, e vinto, la battaglia a livello europeo per equiparare l'IVA degli ebook a quella dei volumi cartacei.

Detto questo non siamo affatto al capezzale del libro di carta, non ho mai creduto alle profezie di una fine annunciata.

Anzi, tutti i segnali sembrano dire il contrario. Nel racconto *The Fun They Had*, scritto nel 1951 e ambientato in un avveniristico 2157, il maestro della fantascienza Isaac Asimov immaginava due bambini che con immenso stupore trovano nella soffitta un oggetto di cui avevano sentito parlare solo nei racconti del nonno: il libro di carta.

In realtà il digitale cresce e continuerà a farlo ma tra la lettura di libri cartacei e quella di ebook sembra esserci una relazione cumulativa più che sostitutiva. I lettori che amano leggere su carta esplorano le nuove opportunità del digitale, non rimpiazzano ma aggiungono, variano, passano tranquillamente da un cartaceo all'ebook, all'audiolibro.

Durante la difficile fase della pandemia gli italiani hanno mantenuto e talvolta riscoperto il piacere della lettura, che ha conservato e anzi accresciuto il suo spazio. Le librerie hanno dimostrato anche nei momenti più bui spirito di iniziativa e capacità di resilienza. Ho sempre ritenuto che il mestiere di libraio sia una missione e una vocazione, non si tratta semplicemente di gestire un'attività commerciale ma di garantire un presidio culturale nelle comunità, di far incontrare autori e lettori, instradare verso la pagina giusta, partorire idee e progetti, contagiare con l'amore per i libri. Per sostenere le librerie abbiamo creato un credito di imposta aumentato di anno in anno e, durante la pandemia, ne abbiamo consentito l'apertura anche in zona rossa, trasmettendo il messaggio che il libro e la lettura siano beni essenziali, come le farmacie e i negozi di alimentari. Ricordo le facce inizialmente perplesse e sorprese dei miei colleghi quando lo proposi, ma il presidente Conte comprese l'importanza del segnale e sostenne convintamente l'idea.

Inoltre abbiamo previsto un forte aumento delle risorse per le acquisizioni delle biblioteche pubbliche, statali e locali, con una formula che ha sostenuto l'intero settore. Le risorse assegnate dovevano essere utilizzate per l'acquisto di libri presso almeno tre diverse librerie presenti sul territorio in cui si trova la biblioteca. Stiamo lavorando, attraverso il confronto con tutte le associazioni e le categorie, a una legge organica e di sistema, che aiuti l'intera filiera, come accade per altri settori, come, ad esempio, per il cinema e l'audiovisivo.

Ma la vera sfida, quella che dovrebbe appassionare e coinvolgere tutti, istituzioni, autori, editori, distributori vecchi e nuovi, deve essere quella di allargare la platea dei lettori. Su questo fronte ci sono due luoghi comuni da sfatare. Il primo è quello che dipinge le nuove generazioni come allergiche alla lettura, una visione stereotipata che non trova riscontro nella realtà. I dati testimoniano il contrario: giovani e giovanissimi rappresentano il segmento di popolazione italiana in cui si legge di più. Il tema è capire perché una volta entrati nell'età adulta si perde questa abitudine, ovvero si verifica una sorta di selezione della "specie": resistono solo i lettori più determinati e motivati. La scommessa, dunque, è irrobustire e consolidare l'attitudine alla lettura, far scoccare la scintilla di una passione che possa resistere al tempo e all'ingresso nel mondo adulto, in una platea larga e non solo nel recinto di pochi motivatissimi divoratori di pagine. Con 18app abbiamo tentato di dare un impulso, un segnale, partendo da una consapevolezza: i consumi culturali si alimentano a vicenda, non sono in competizione fra loro. Tendenzialmente chi legge libri va a teatro, al cinema o ai concerti, visita i musei più della media. E comunque la stragrande maggioranza dei buoni viene spesa in libri.

La seconda convinzione generalizzata, tutta da dimostrare, è quella che ci dipinge come un paese fra quelli in cui si legge meno in Europa. Più che il confronto con gli altri paesi, in cui può pesare anche l'assenza di uniformità nei parametri utilizzati nelle ricerche statistiche, credo ci interroghi la forbice interna tra Nord e Sud. È evidente che la diffusione della lettura ci aiuta a cogliere qualcosa di più profondo, ci restituisce elementi su disuguaglianze e criticità del nostro paese che devono rappresentare una sfida per la politica. Investire sull'istruzione, sulla cultura e sulla conoscenza significa offrire a tutti le stesse opportunità. La promozione della lettura in questo senso è un tema profondamente democratico, l'idea stessa delle biblioteche pubbliche nacque così: non per creare depositi di libri ma per rendere l'educazione e la libertà il più possibile diffuse.

In questi anni con il Centro per il libro e per la lettura, prima guidato da Romano Montroni e poi da Marino

Sinibaldi, abbiamo fatto tanto: gettato semi, moltiplicato le risorse, sostenuto le buone pratiche presenti nei territori. Fra le tantissime iniziative, su tutte cito Libriamoci, che nasce da un'alleanza forte con il mondo della scuola. Nelle classi vengono organizzate letture ad alta voce, coinvolgendo artisti, attori, giornalisti, musicisti, registi, sceneggiatori. "Perché leggere ad alta voce? Per la meraviglia," scriveva Daniel Pennac nel suo saggio *Come un romanzo*. Nel 2014 partecipai di persona all'iniziativa in una scuola del centro storico di Napoli, la Bartolomeo Capasso. Di fronte a un pubblico esigente e curioso di bambini delle elementari lessi le prime pagine di *Le tigri di Mompracem* di Emilio Salgari. Quale esempio migliore della magia e della potenza evocativa delle pagine, di chi ha sognato mille avventure e descritto mete lontane senza esserci mai stato?

## Dopo la guerra e la pandemia

Le colonne in stile neoclassico e il frontone con le statue ora sono solo macerie. Il teatro di Mariupol, città fra le più colpite dai bombardamenti, era divenuto rifugio reale e non solo metaforico per migliaia di persone. In Consiglio dei ministri è stata approvata la mia proposta di offrire all'Ucraina mezzi e risorse per riedificarlo, non appena sarà possibile. I teatri appartengono all'intera umanità, rappresentano uno spazio di vita, di movimenti, corpi, parole, emozioni. È un piccolo segnale di vicinanza e buona volontà, concreto e insieme simbolico: ricostruire un luogo di cultura, un arsenale di pace e conoscenza.

Prima la pandemia, e ora i venti di guerra a lambire l'Europa. Viviamo un tempo in cui molte delle nostre certezze sono messe in discussione, travolte dal corso degli eventi. L'invasione dell'Ucraina da parte della Russia sembra aver riportato indietro le lancette della storia, a un clima di contrapposizione che pensavamo fosse tramontato con la guerra fredda. Lo scenario geopolitico basato sul multilateralismo che si era delineato dopo la caduta del muro di Berlino traballa. Abbiamo assistito con sgomento alla sopraffazione di un paese democratico e indipendente, al ricorso della forza e della violenza per riscrivere i confini. Davanti ai nostri occhi i morti, i missili, le macerie, la sofferenza di chi resiste e di chi fugge. Eppure l'Europa, spesso dipinta come divisa e balbettante, di fronte a una crisi ha coraggiosamente rilanciato il suo percorso di integrazione, come altre volte è accaduto nella sua storia. Ha reagito compatta, scegliendo una linea di fermezza, sanzioni e solidarietà. Lo stesso ha fatto con il Covid. Nel momento più difficile, ha scommesso sugli eurobond e sulla sospensione del patto di stabilità, mettendo in campo enormi risorse. Sono stati anni duri, quelli appena trascorsi: abbiamo attraversato un deserto, dove tutti ci siamo sentiti più vulnerabili e smarriti. Il primo pensiero è al dolore e ai lutti di tanti nostri concittadini, e all'impegno generoso di chi, su tanti fronti, è stato in prima linea per affrontare l'emergenza.

Le conseguenze sono state drammatiche per il sistema economico, per il lavoro e per la privazione della dimensione sociale e aggregativa che rappresenta il tessuto connettivo delle nostre comunità. Il mondo della cultura è stato fra i più duramente colpiti, prima con la chiusura dei suoi spazi, dai teatri, ai cinema, ai musei. E poi nella fase di riapertura a causa delle restrizioni, delle norme per il distanziamento, e di una certa titubanza del pubblico, tra disabitudine e timori. Allo stesso tempo è proprio nei momenti di asperità che il bisogno di arte e bellezza si avverte di più, e ci accorgiamo di quanto siano indispensabili. Quando qualcosa di prezioso ci viene improvvisamente sottratto ne sentiamo la mancanza e – se mai ce ne fosse stato bisogno – ne riscopriamo il valore, il piacere, il desiderio.

Si è trattato di un impoverimento per tutti, non solo per chi di questi settori vive e ne ha fatto una professione. Per mitigare le difficoltà, oltre alle misure di carattere generale del governo che hanno riguardato indistintamente tutti i settori economici del paese, il ministero della cultura è intervenuto in modo specifico con più di cento decreti per un valore di oltre 12 miliardi di euro. Una cifra impressionante che dimostra quanto quest'universo così complesso e plurale – dal cinema e audiovisivo al teatro, alla musica, all'editoria, al turismo culturale, ai musei, alle industrie culturali e creative, fino alla tutela del patrimonio – sia stato sconquassato dall'emergenza. La pandemia ha evidenziato criticità preesistenti, come ad esempio la condizione dei lavoratori dello spettacolo, che non si erano mai visti riconosciuti adeguate tutele e ammortizzatori sociali.

Nessuno ha la sfera di cristallo per prevedere cosa succederà nell'immediato futuro, ma non possiamo ritornare alla vita di prima mettendoci tutto alle spalle, come se non fosse successo nulla. Ripristinare il mondo senza tentare di correggerne le contraddizioni e le ingiustizie che c'erano prima del coronavirus significherebbe sprecare questa crisi, mantenendo tutto ciò che ha contribuito ad aggravarla. Non si può e non si deve. Non si può, perché ci siamo riscoperti tutti più fragili ma allo stesso tempo meno superficiali. L'esperienza che abbiamo condiviso ci ha fatto comprendere quanto siamo interdipendenti e connessi gli uni agli altri, e che non abbiamo vere alternative al collaborare responsabilmente e reciprocamente al bene comune.

Durante questa traversata, in particolare nella prima drammatica fase del lockdown, l'inibizione della socialità ha provocato solitudine e isolamento. Si è trattato di due condizioni differenti, che non sempre si sono intrecciate. Non è necessario essere eremiti per sentirsi isolati, per sprofondare in quel senso di estraneità e malessere, che già attanagliava la nostra società a volte così individualista e indifferente, e può succedere perfino se siamo pieni di contatti, reali e virtuali. L'isolamento spesso ha portato sofferenza psichica, disagio, spaesamento, non solo nei più giovani. Allo stesso tempo la solitudine, per molti altri, ha significato coltivare il dialogo con se stessi e con il proprio mondo interiore, ritagliarsi momenti di discernimento.

Nella quotidianità abbiamo riscoperto i vicini di casa, il quartiere, il condominio. Una bolla di protezione se vogliamo, la rete sociale legata a prossimità, immediatezza, vita comune. Nel tempo della velocità, abbiamo dovuto risintonizzarci sulla lentezza. Nei consumi culturali la tendenza già in atto avviata dalla rivoluzione digitale, è divenuta prorompente, ridisegnando confini e abitudini, con il trasferimento di tutta una serie di pratiche, ascolti, visioni, nella sfera virtuale. Eppure la lettura ha mantenuto il suo spazio, molti hanno cercato nei libri risposte a qualcosa di più profondo, tra evasione e introspezione. Non solo un rifugio nel silenzio ma una finestra sul mondo, sui mondi. Emergono segnali e avvisaglie di un cambiamento di mentalità, si afferma una domanda di valori, di narrazioni, di cultura che sono fortemente convinto crescerà in maniera impetuosa nei prossimi anni. Lo sviluppo è sempre meno basato su cantieri e fabbriche e sempre più sull'industria creativa e immateriale, più sui contenuti che sui contenitori. La ripresa italiana si giocherà molto su questa frontiera innovativa, sulla capacità di rompere gli schemi, e di vedere prima qualcosa che ancora non c'è. Scaturirà dal talento, dall'estro, dalla fatica e dall'immaginazione di designer, art director, fotografi, artisti, musicisti, ricercatori, scrittori e scienziati.

Una filiera che rappresenta il terzo settore più importante sul piano occupazionale, superando in termini numerici l'industria alimentare, quella automobilistica e quella immobiliare, come dimostrava uno studio realizzato da Ernst & Young per la SIAE.

Una realtà vivace, che può fare da traino anche agli altri comparti, ed è in grado di produrre un valore che va oltre i semplici ricavi economici, interpretando l'anima stessa del nostro paese, la sua vocazione più autentica.

Come ha sottolineato il presidente Mattarella in un bellissimo passaggio del suo discorso al parlamento il giorno del giuramento per il suo secondo mandato "La cultura non è il superfluo: è un elemento costitutivo dell'identità italiana. Facciamo in modo che questo patrimonio di ingegno e di realizzazioni, da preservare e sostenere, divenga ancor più una risorsa capace di generare conoscenza, accrescimento morale e un fattore di sviluppo economico."

Una centralità testimoniata dalla scelta significativa del presidente Draghi di incontrare la presidente della Commissione europea Ursula von der Leyen in un luogo simbolo del passato e del futuro della nostra industria culturale, come gli stabilimenti di Cinecittà. E confermata dalle scelte del PNRR, dove sono previsti per il settore quasi 7 miliardi di euro, la cifra in assoluto e in percentuale più alta di tutti i piani nazionali di ripresa e resilienza.

In ogni campo germogliano nuove consapevolezze e sensibilità, che la politica ha il compito di incoraggiare. Senza volerlo, l'apocalisse che abbiamo passato e che tutti avremmo volentieri evitato, ci ha costretto a prendere in considerazione vie inedite o poco battute, ci ha spronato a guardare le cose da angolazioni differenti. A riflettere sull'attuale modello di società, a immaginare una riprogettazione degli spazi urbani e di quelli domestici, a riannodare i fili del solidarismo e dei legami comunitari, a rivedere il nostro rapporto con le risorse naturali e l'equilibrio del pianeta, a lavorare per uno sviluppo che sia sostenibile, oltre che dal punto di vista ambientale, anche da quello sociale. Un ripensamento che nel nostro paese può essere il lievito di una stagione di crescita duratura e non effimera, se assumerà come pilastri le arti, i saperi, il paesaggio, la creatività. Ripartire dalla cultura è l'unica via possibile per costruire un'Italia capace di cambiare e di crescere. Allo stesso modo la cultura sarà essenziale dopo la guerra in Ucraina, quando dalla logica della forza e delle armi si passerà a quella della ricostruzione, per lenire e ricucire, per cercare di riaprire spazi di dialogo anche tra chi si è combattuto.

Davanti a noi si apre un tempo nuovo, in cui ridefinire gli stili di vita, le priorità e le strategie.

Il superamento delle tragedie non suscita automaticamente un cambio di paradigma. Dipenderà da noi, dalle lezioni che sapremo trarre, dal coraggio che avremo di coltivare pensieri lunghi e azioni conseguenti, che guardano al futuro.

# Ringraziamenti

Grazie a Elisabetta Sgarbi che ci ha creduto sin dall'inizio, a tutte le persone che mi hanno accompagnato nel lavoro di questi anni e a Gianluca Lioni per l'aiuto prezioso nel ricostruirlo in queste pagine.

Finito di stampare
nel mese di aprile 2022
presso
Grafica Veneta S.p.A.
Via Malcanton 2 – Trebaseleghe (PD)

Printed in Italy